LE LIVRE DE LA PROFESSION

LE DESSIN

pour

L'APPRENTI FORGERON

PAR

J. FOURQUET

Professeur de l'Enseignement technique

TROISIÈME ÉDITION

Normalisée et augmentée de sujets C.A.P

ÉDITIONS EYROLLES

61, boulevard Saint-Germain — PARIS (5e)

Reprint 2011

ÉDITIONS EYROLLES
61, bd Saint-Germain
75240 Paris Cedex 05
www.editions-eyrolles.com

Du même auteur :

Le Dessin pour l'apprenti forgeron, 1951 - reprint 2011
Le Dessin pour l'apprenti maçon et tailleur de pierre, 1951 - reprint 2011

Cet ouvrage est un reprint de l'ouvrage *Le Dessin de l'apprenti chaudronnier, tôlier, ferblantier, plombier, zingueur, 4e édition normalisée et augmentée de sujets proposés au C.A.P. et au B.E.I. (Le Livre de la Profession)*, paru en 1949 aux Éditions Marc Eyrolles.

ISBN : 978-2-212-12903-8

UN MOT D'INTRODUCTION

Ce petit Manuel *ne doit pas être confondu avec un cours de dessin à l'usage d'élèves dessinateurs.*

Il s'agit ici d'éléments dont la connaissance est indispensable à l'ouvrier forgeron et non d'autre chose.

Apprendre à l'apprenti de cette profession *les principes et les conventions sur lesquels reposent :*

le traçage d'une pièce de forge;

l'exécution du croquis coté d'un organe contenant des pièces forgées;

la lecture d'un dessin établi en vue de l'exécution de cet organe à l'atelier;

voilà le but très simple que l'auteur a visé.

L'accueil empressé qui a été fait aux précédentes éditions prouve qu'il a réussi à l'atteindre.

Celle-ci a été remaniée conformément aux règles de normalisation et augmentée de sujets C.A.P.

CONSEILS AUX APPRENTIS

Ne reproduisez jamais un tracé avant de l'avoir étudié et compris; la copie est un exercice inintelligent et sans profit.

Pour tirer tout le parti possible de ce petit Manuel, observez les recommandations qui précèdent chaque chapitre et résolvez tous les exercices proposés.

TRAITS ET COTES

D'après les conventions établies par le Comité de Normalisation de la Mécanique (C N M)

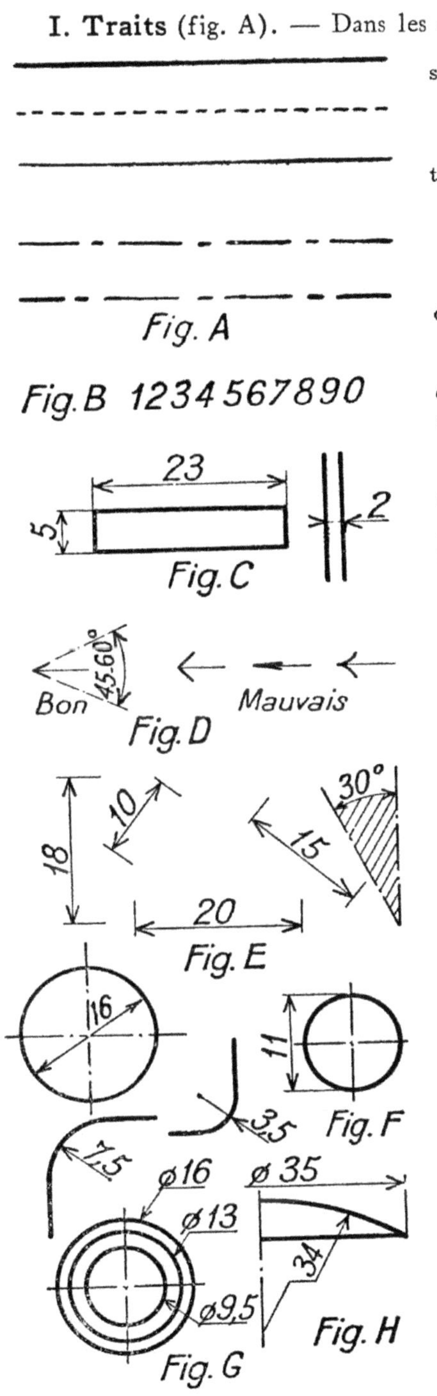

I. Traits (fig. A). — Dans les dessins de mécanique on emploie (Norme E 04-103) :

Le *trait continu fort* pour les lignes vues et les sections sorties;

Le *trait interrompu* court pour les lignes cachées;

Le *trait continu fin* pour constructions géométriques, sections rabattues, lignes d'attache et de cotes, hachures;

Le *mixte fin* pour axes et parties situées en avant;

Le *mixte fort* aux extrémités, fin au milieu, pour les tracés des plans de sections et de coupes.

Remarque. — Dans certaines simplifications telles que la représentation normalisée des filetages (fig. 161), on emploie le trait pointillé à éléments longs.

II. Chiffres de cotes (CNM 50). — Les *cotes* sont exprimées en millimètres, mais la notation *mm* ne figure pas à droite de la cote (fig. C). Ecrire 4125 et non 4,125 ; 3,5 au lieu de 3^5 ou 3 1/2.

Les chiffres de cotes sont d'épaisseur uniforme, sans déliés (fig. B) ; leur hauteur varie de 3 à 5 mm suivant la grandeur des dessins. Ils sont droits ou légèrement inclinés (*Les chiffres en ronde et en bâtarde sont abandonnés*).

Cotation. — Pour inscrire les cotes, tracer en trait continu une ligne parallèle à la droite qu'elle mesure (fig. C) et terminée par deux flèches rattachées aux extrémités de la droite mesurée au moyen de deux lignes d'attache. L'angle de ces flèches est d'environ 45° (fig. D).

Placer les chiffres très près de la ligne de cote et, autant que possible, en son milieu. A défaut de place renverser les flèches (cote 2, fig. C). Le long des lignes verticales (fig. E) les cotes s'écrivent à gauche et en montant. Le long des obliques, elles doivent pouvoir se lire facilement sans déplacer la feuille de dessin. Eviter d'employer les lignes de cote d'inclinaison comprise, entre celles des côtés de l'angle hachuré de 30°. Coter un cercle par son diamètre et un arc par son rayon (fig. F). En cas d'ambiguïté, faire précéder le diamètre du signe Ø et le rayon de l'initiale *r*. Si, pour coter des cercles concentriques, on est obligé, afin d'éviter toute confusion, de reporter les cotes en dehors du dessin, adopter la disposition de la figure G. Enfin, si le centre se trouve hors de la feuille, préciser sa position en brisant la ligne de cote comme l'indique la figure H.

III. Ecritures. — L'écriture bâton, droite ou penchée, est recommandée, de préférence à la ronde et à la bâtarde.

PERPENDICULAIRES

1° Au milieu

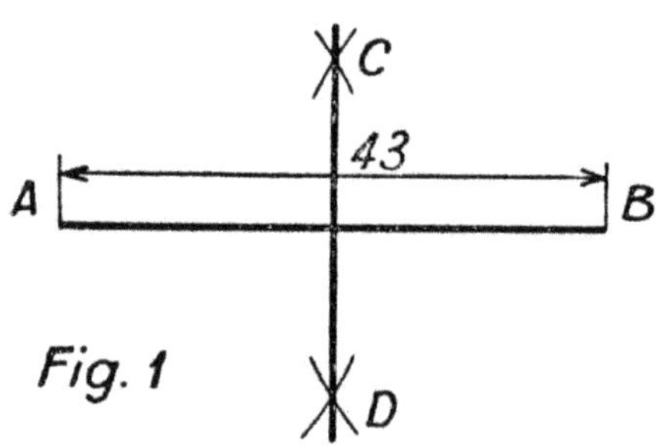

Fig. 1

2° En un point

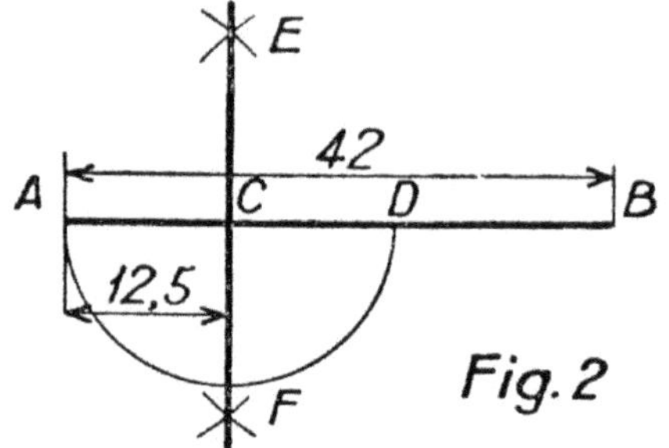

Fig. 2

3° D'un point extérieur

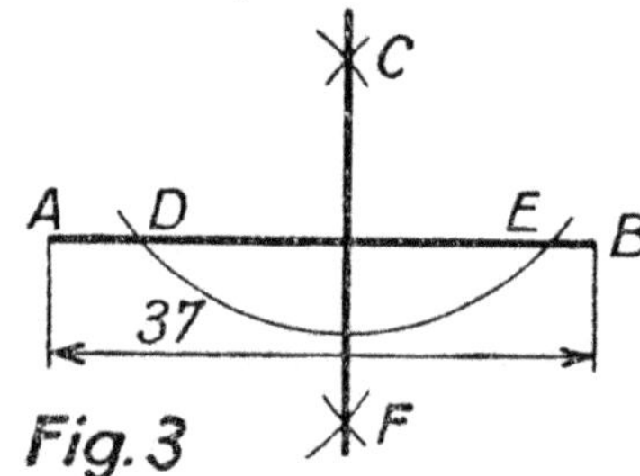

Fig. 3

4° A l'extrémité

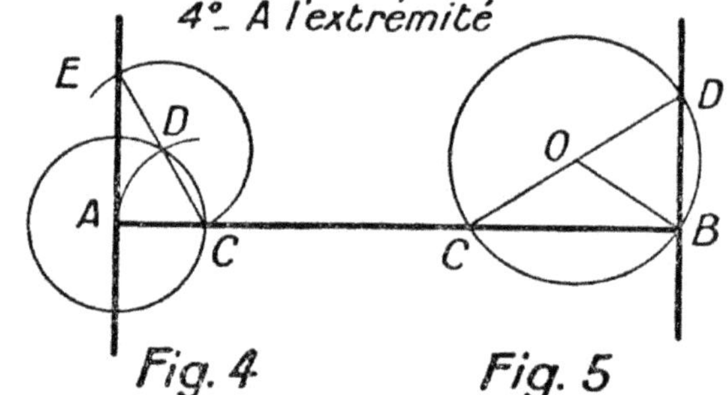

Fig. 4 Fig. 5

PARALLELES

A une distance donnée

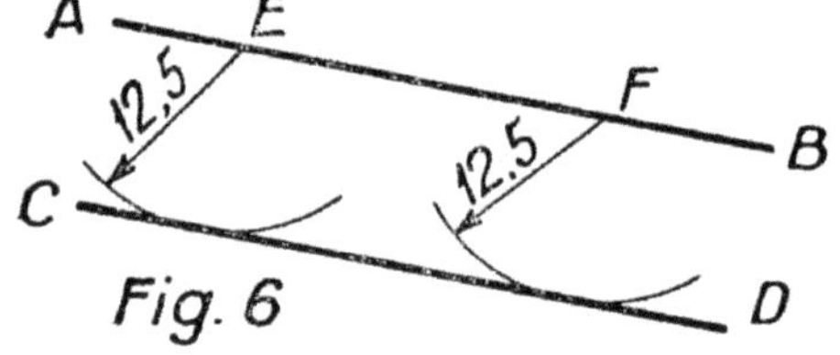

Fig. 6

Par un point donné

1° Au compas

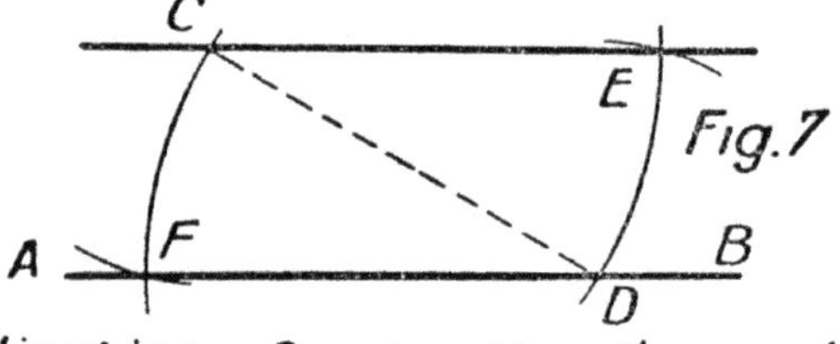

Fig. 7

2° A l'equerre

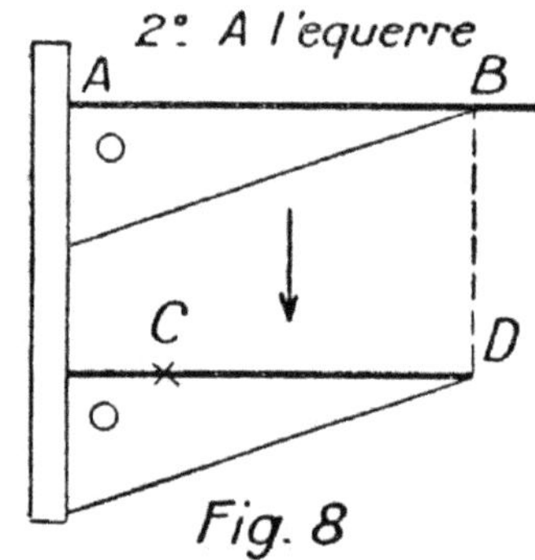

Fig. 8

Application : Construction d'un carré

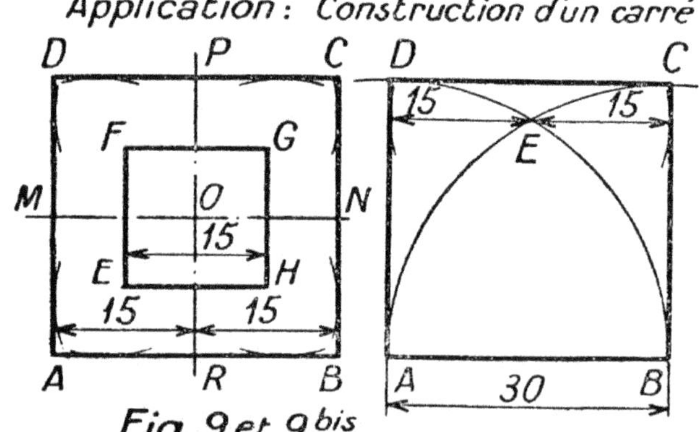

Fig. 9 et 9 bis

PREMIÈRE ANNÉE

CHAPITRE PREMIER

Après avoir été apprises, les constructions de ce chapitre seront exécutées avec des dimensions plus grandes.

TRACÉS GÉOMÉTRIQUES (Planche 1)

PERPENDICULAIRES

1. **Perpendiculaire au milieu d'une droite** (fig. 1). — 1° De chacun des points A et B comme centre, avec un rayon plus grand que la moitié de AB, décrire un arce de chaque côté de AB : les arcs ainsi tracés se coupent deux à deux au points C et D;

2° joindre ces deux points; la droite CD est perpendiculaire au milieu de AB.

2. **Perpendiculaire en un point d'une droite** (fig. 2). — 1° Des deux côtés du point donné C, prendre deux longueurs égales AC et CD; le point C est ainsi le milieu de AD; 2° mener la perpendiculaire au milieu de AD comme dans le tracé précédent.

3. **Perpendiculaire d'un point extérieur à une droite** (fig. 3). — 1° Du point donné C décrire un arc qui coupe la droite aux points D et E; 2° mener la perpendiculaire au milieu de DE.

4. **Perpendiculaire à l'extrémité d'une droite.** — Premier procédé (fig. 4). 1° Du point A, décrire une circonférence de rayon assez grand AC et avec le même rayon du point C, décrire l'arc AD; 2° tracer CD, prolonger cette droite d'une longueur DE égale à CD et mener AE.

Deuxième procédé (fig. 5). — 1° D'un point quelconque O, avec le rayon OB, décrire la circonférence qui coupe la droite au point C; 2° joindre CO et prolonger jusqu'en D; puis mener DB.

PARALLÈLES

5. ***Parallèle à une droite à une distance donnée*** (fig. 6). — 1° Avec un rayon égal à la distance donnée (12,5 mm) de deux points quelconques E et F suffisamment éloignés, décrire deux arcs; 2° mener la tangente commune CD à ces deux arcs.

6. **Parallèle à une droite par un point extérieur.** — *a*) ***Procédé au compas*** (fig. 7). — 1° Du point donné C décrire l'arc qui coupe la droite AB au point D; 2° avec le même rayon, décrire du point D l'arc CF; 3° prendre une ouverture de compas égale à FC et la porter en DE. Joindre CE.

b) ***Procédé à l'équerre et à la règle*** (fig. 8). — 1° Appliquer l'un des longs côtés de l'équerre sur la droite donnée AB et placer la règle contre le petit côté; 2° faire glisser l'équerre le long de la règle, jusqu'à ce que le côté appliqué sur AB passe au point donné C, et mener CD.

Application. — ***Construction d'un carré de côté donné.*** — a) *Construire un carré de côté 30 mm. sur deux axes rectangulaires MN et PR* (fig. 9). Il suffit de tracer les parallèles AB et DC à 15 mm de MN; puis les parallèles AD et BC à 15 mm de PR.

On construit de même le carré EFGH. (*La construction d'un rectangle est analogue*).

b) *Construire un carré de côté 30 mm sur une droite AB* (fig. 9 bis).

1° Porter AB = 30; 2° pour mener la parallèle DC à 30 de AB, décrire de A et de B les arcs de cercle de rayon AB; 3° du point d'intersection E de ces arcs, avec le rayon 15, tracer un arc de chaque côté et mener les tangentes AD et BC à ces arcs.

Exercices proposés. — 1. Construire deux axes perpendiculaires entre eux et, sur ces axes un rectangle de 60 mm × 40 mm.

2. Construire le rectangle précédent en partant de l'un de ses grands côtés.

DIVISER UNE DROITE EN PARTIES EGALES

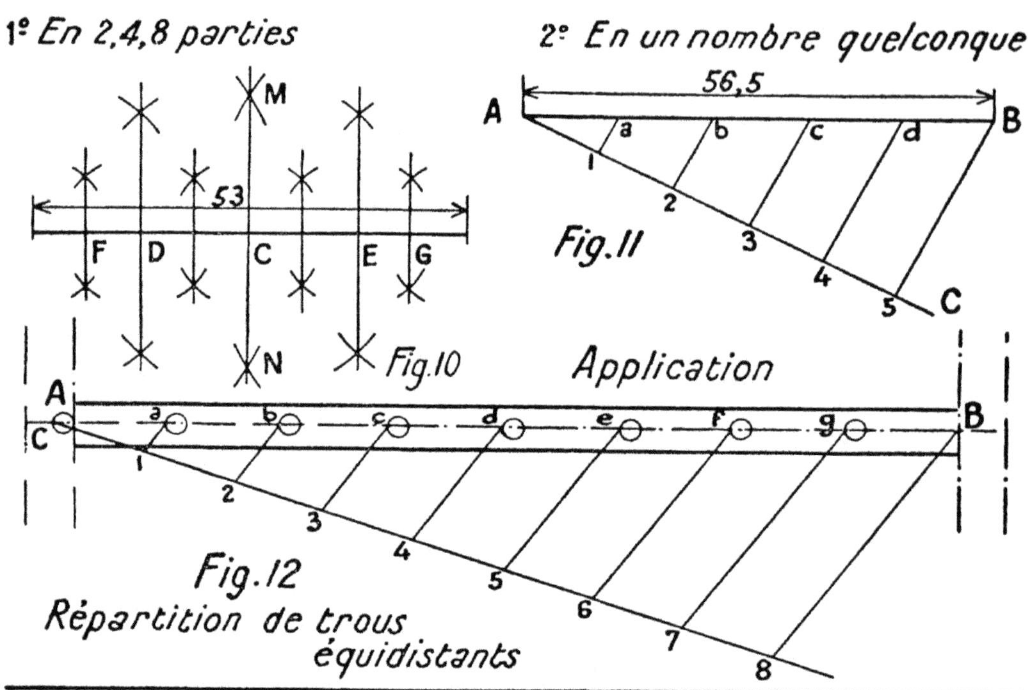

Fig. 10
Fig. 11
Fig. 12

ANGLES

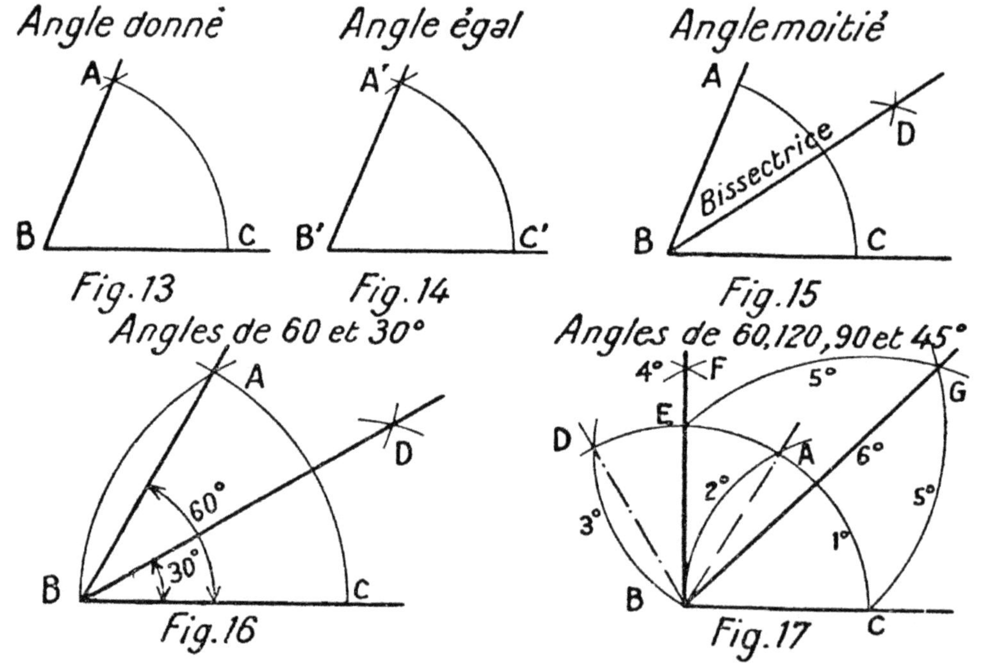

Fig. 13
Fig. 14
Fig. 15
Fig. 16
Fig. 17

Planche 2

DIVISION D'UN SEGMENT DE DROITE EN PARTIES ÉGALES

7. 1° ***En 2, 4, 8 ... parties*** (fig. 10). — Pour prendre la moitié de AB, élever la perpendiculaire MN en son milieu comme il a été indiqué au § 1; on obtient le milieu C. Pour prendre le quart de AB, diviser de même chaque moitié AC et CB en deux parties égales; et ainsi de suite. La figure 10 donne la division en 8.

8. 2° ***En un nombre quelconque de parties égales.*** — Soit à diviser AB en 5 (fig. 11). Par le point A, mener une droite quelconque AC sur laquelle on porte cinq longueurs égales approximativement au cinquième de AB; on obtient ainsi les points 1, 2, 3, 4, 5.

Joindre le point 5 au point B, et par les points 4, 3, 2 et 1 mener les parallèles à la droite 5-B d'après le procédé du § 6, *b* (fig. 8).

9. Application. — **Mise en place de trous dont les intervalles ou vides sont égaux.** — Soit à tracer sept trous sur la traverse AB (fig. 12). A gauche de l'extrémité A, porter le diamètre AC d'un trou et diviser CB en 8 parties égales (§ 8). On obtient ainsi les points de division *a, b, c, d, e, f, g.*

Tracer les trous à droite de chacun de ces points, ce qui donne des intervalles égaux; chacun d'eux est égal, en effet, à l'une des divisions C*a* = *ab* = *bc* = *g*B diminuée du diamètre du trou.

ANGLES

10. **Contruire un angle égal à un angle donné.** — Soient l'angle ABC (fig. 13) et la droite B'C' (fig. 14). Des points B et B', décrire deux arcs AC et A'C' de même rayon. Prendre avec le compas la distance CA et du point C comme centre, avec cette longueur comme rayon, décrire l'arc qui coupe l'arc C'A' au point A'. Il suffit de joindre A'B'.

11. **Mener la bissectrice d'un angle.** — Pour diviser un angle ABC en deux parties égales (fig. 15), décrire, du sommet B comme centre, un arc AC qui coupe les deux côtés de l'angle en A et C. De ces deux points, tracer deux arcs de même rayon qui se coupent en D. Joindre BD, c'est la *bissectrice* de l'angle ABC. On a ainsi $\widehat{ABD} = \widehat{DBC}$.

12. **Construire les angles de 60 et de 30 degrés.** — Du point B (fig. 16) décrire l'arc CA, et de C, avec le même rayon, décrire l'arc BA. Joindre AB; l'angle ABC vaut 60 degrés.

En menant la bissectrice BD de cet angle (§ 11), chacun des angles ABD et DBC vaudra 30 degrés.

13. **Construire les angles de 120, 90 et 45 degrés.** — Sur BC (fig. 17) construire l'angle ABC de 60 degrés. Porter AD = AC et joindre BD; l'angle ABD vaut donc également 60 degrés. En menant sa bissectrice BE (§ 11), on obtient l'angle droit CBE car $60° + 30° = 90°$.

La bissectrice BG de cet angle donne l'angle de 45 degrés CBG.

14. **Cotes d'angles.** — Les disposer comme l'indique la figure 16 *bis* (C.N.M.).

Exercices proposés. — **1. Construire l'angle de 75 degrés** $\left(75 = 60 + \frac{60}{4}\right)$

2. Construire les angles de 135 degrés (135 = 90 + 45); **de 70 et de 20 degrés.**

POLYGONES

Transformer un carré en octogone.

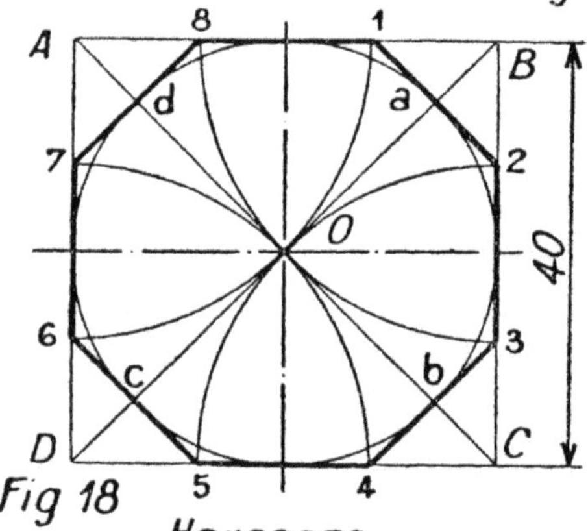

Fig 18

Inscrire un octogone régulier

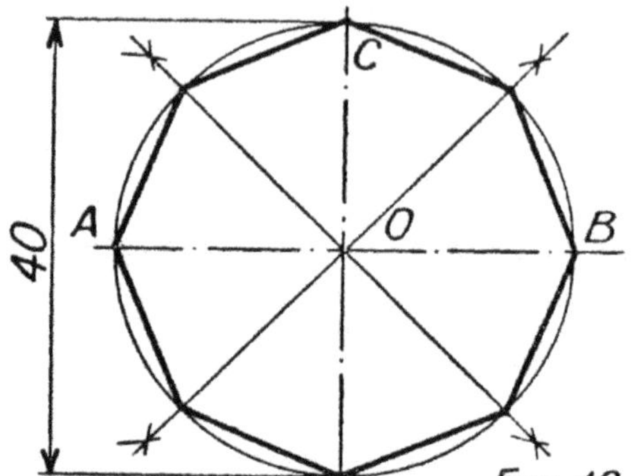

Fig. 19

Hexagone

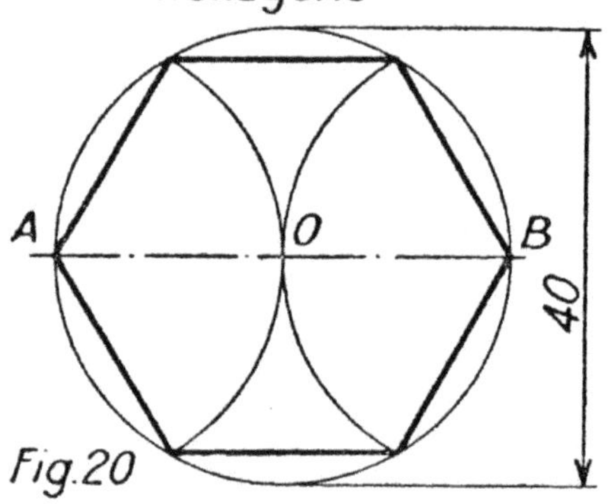

Fig.20

Pentagone *Décagone*

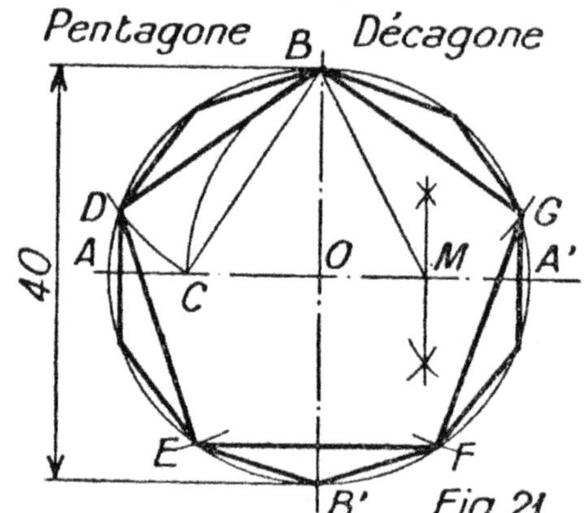

Fig.21

TANGENTES

1° En un point

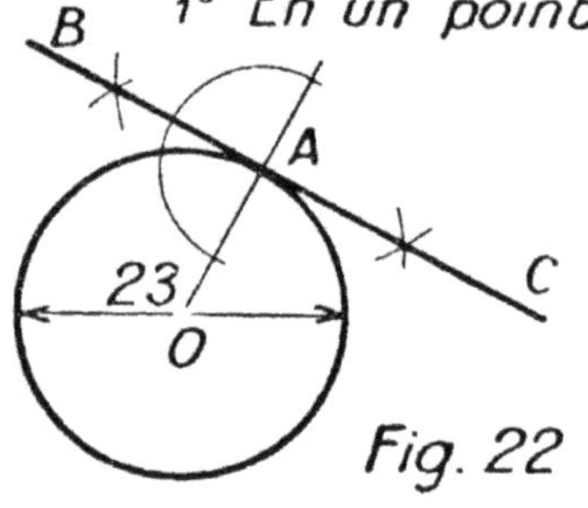

Fig. 22

3° Tangentes communes

Fig. 24

2° D'un point extérieur

Fig. 23

Crochet (Ech. $\frac{1}{3}$)

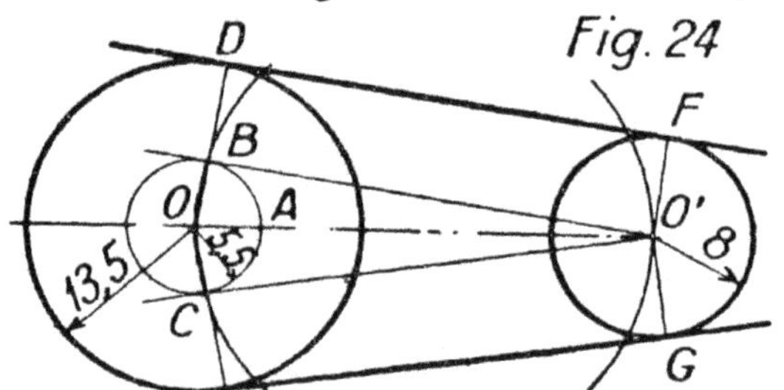

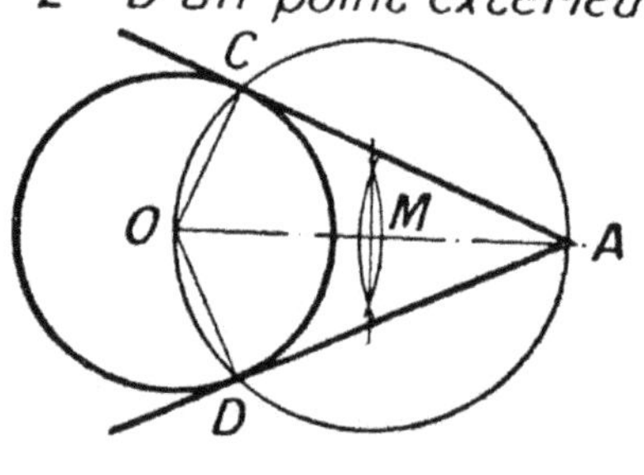

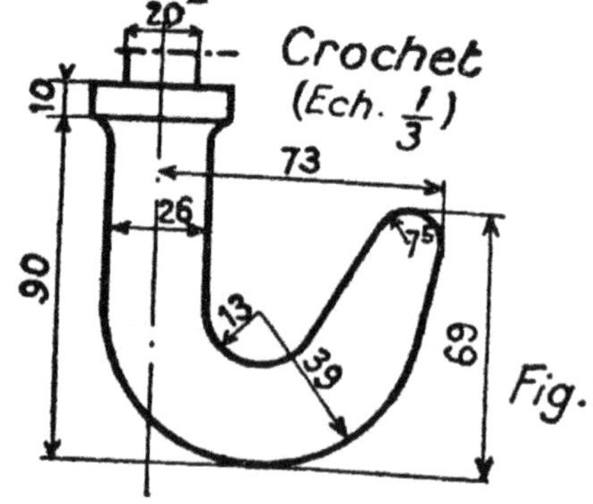

Fig.25

Planche 3

POLYGONES

15. **Transformer un carré en octogone régulier.** — 1er Procédé. — Soit le carré ABCD (fig. 18). Tracer les diagonales, et des sommets A, B, C, D comme centres, avec un rayon égal à la moitié de la diagonale, décrire des arcs qui passent par le centre O et qui coupent les côtés du carré aux points 1, 2, 3, 4, 5, 6, 7, 8. Joindre ces points deux à deux et l'on a l'octogone régulier.

2e Procédé. — Inscrire la circonférence dans le carré donné (même figure), et par ses points d'intersection *a*, *b*, *c*, *d* avec les diagonales, mener les droites 1-2, 3-4, 5-6, 7-8 parallèles aux diagonales. Ces lignes sont les côtés de l'octogone demandé.

16. **Inscrire un octogone régulier dans un cercle** (fig. 19). — Tracer un diamètre AB et le diamètre CD perpendiculaire à AB. Mener ensuite les bissectrices des quatre angles droits ainsi obtenus; ces bissectrices divisent la circonférence en huit parties égales. Joindre les points de division.

17. **Inscrire un hexagone régulier** (fig. 20). — Le côté de l'hexagone régulier inscrit étant égal au rayon de la circonférence, il suffit de porter six fois le rayon comme l'indique la fig. 20.

18. **Inscrire le pentagone et le décagone réguliers** (fig. 21). — Tracer les deux diamètres rectangulaires AA′ et BB′; prendre le milieu M du rayon OA et avec la longueur MB comme rayon, du point M comme centre, décrire l'arc qui coupe AA′ en C. Joindre BC, c'est le côté du pentagone; CO est le côté du décagone. Les porter sur la circonférence.

TANGENTES

19. **Mener la tangente en un point donné d'une circonférence.** — Soit le point A sur la circonférence O (fig. 22). Tracer OA et mener en A la perpendiculaire BC à OA; BC est la tangente demandée. (Il est important de bien retenir que la tangente est perpendiculaire au rayon du point de contact).

20. **D'un point extérieur mener la tangente à une circonférence.** — Soit le point A pris en dehors du cercle O (fig. 23). Joindre OA, prendre son milieu M, et décrire la circonférence de diamètre OA; elle coupe la circonférence donnée aux points C et D qu'il suffit de joindre au point A. (Les rayons OC et OD sont respectivement perpendiculaires aux deux tangentes AC et AD).

21. **Mener les tangentes communes à deux circonférences.** — Soient les circonférences O et O′ de rayons 13,5 et 8 (fig. 24). Du centre O, décrire le cercle de rayon OA égal à la différence 13,5 — 8 = 5,5 de ces deux rayons, et de O′ mener les tangentes O′B et O′C à ce cercle (§ précédent). Joindre OB et OC, tracer les parallèles O′F et O′G à ces deux rayons, et joindre DF, EG. Ce sont les tangentes demandées. (On remarquera que BDFO′ est un rectangle).

22. Application. — **Tracé d'un crochet** (fig. 25). — Tracer l'axe et décrire les circonférences complètes avec les rayons indiqués, puis mener les tangentes communes et limiter les arcs aux points de contact.

23. Nota. — *Afin d'obtenir le fini désirable dans l'exécution,* soit à l'encre, soit au crayon, *il convient, en repassant le tracé, de* **commencer par les arcs** *et de terminer par le tracé des tangentes.*

Planche 4

RACCORDEMENTS

1° De deux parallèles

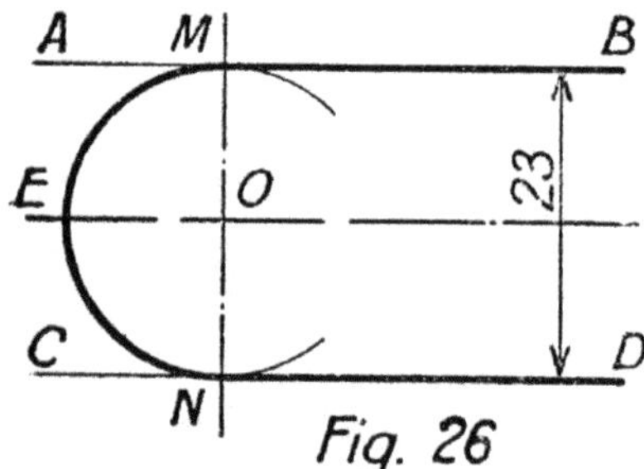

Fig. 26

Maillon de chaîne

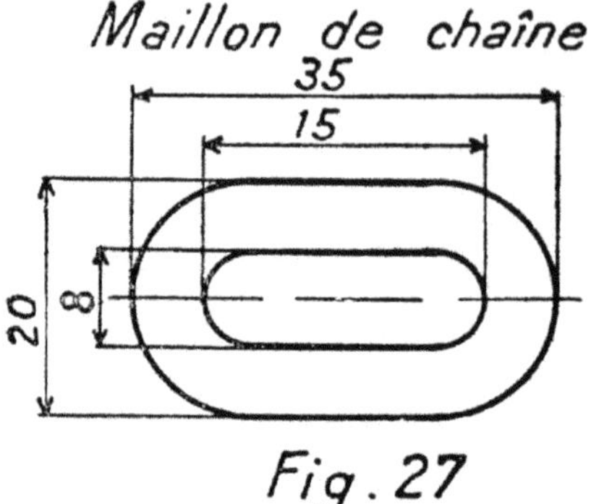

Fig. 27

2° De deux concourantes

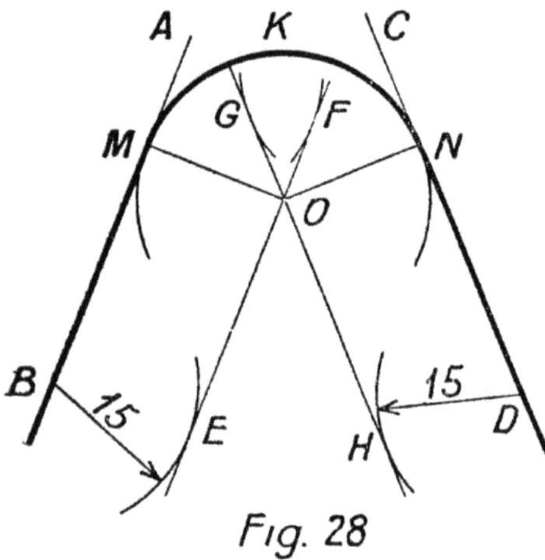

Fig. 28

Coude (Ech $\frac{1}{5}$)

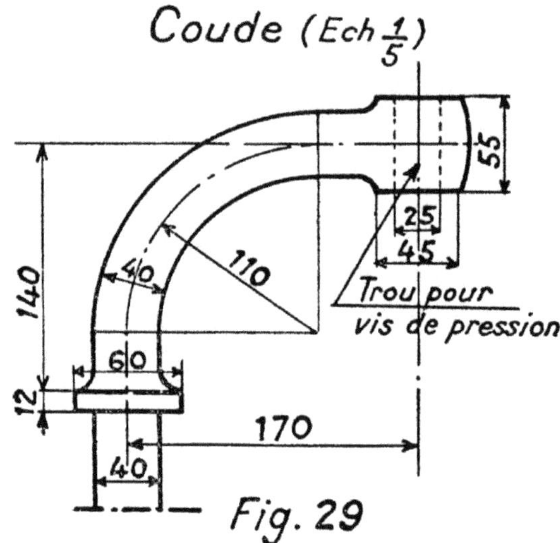

Fig. 29

3° D'un arc à un arc

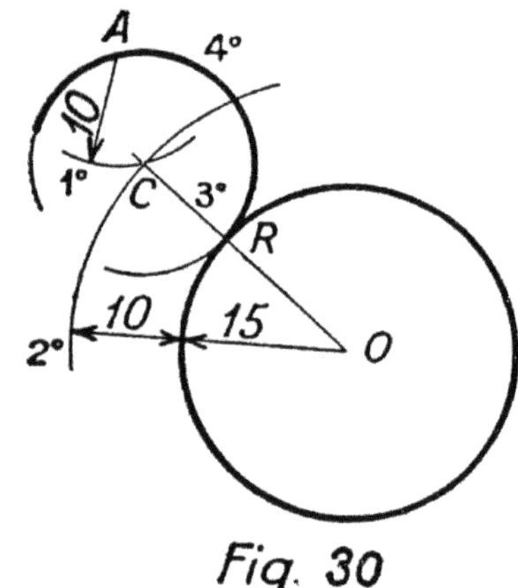

Fig. 30

Mors d'étau

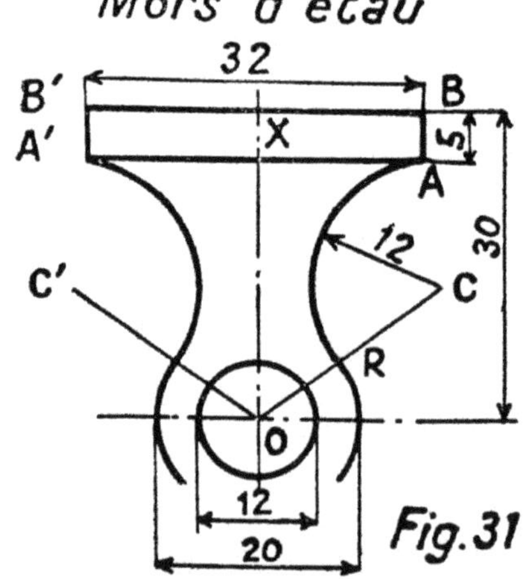

Fig. 31

Planche 4

RACCORDEMENTS

24. Définition. — **Raccorder** deux lignes, c'est mener un arc tangent à ces deux lignes. Les points de contact s'appellent *points de raccordement.*

25. **Raccorder deux droites parallèles.** — Soit à raccorder les droites AB et CD distantes de 23 millimètres (fig. 26), connaissant l'un des points de raccordement M. Mener la perpendiculaire MN à AB; elle l'est aussi à CD; le point N est le second point de raccordement. Du milieu O de MN, décrire la demi-circonférence MEN.

26. Application. — **Tracé d'un maillon de chaîne** (fig. 27). — Tracer les quatre parallèles et les raccorder deux à deux aux cotes indiquées.

27. **Raccorder deux droites concourantes par un arc de rayon donné.** — Soient les droites AB et CD à raccorder par un arc de rayon 15 (fig. 28). Le centre cherché O devant se trouver à 15 millimètres de chaque droite est l'intersection des deux parallèles menées à 15 millimètres des droites données. Les points de raccordement M et N s'obtiennent en menant de O les perpendiculaires OM et ON, Il ne reste qu'à décrire l'arc MKN.

28. Application. — **Support coudé d'équerre** (fig. 29). (Tracé facile).

29. **Par un point donné, faire passer un arc de rayon donné tangent à un arc donné.** — Soient le point A et l'arc de centre O (fig. 30). On connaît le rayon 10 mm de l'arc qui doit passer par A et doit être tangent au cercle O. Pour déterminer le centre C, remarquer qu'il se trouve en outre à 10 de la circonférence O, et par suite à 10 + 15 de son centre O; il est donc sur l'arc décrit de O avec le rayon 10 + 15 = 25. L'intersection des deux arcs est le centre cherché C.

Joindre CO et décrire l'arc AR de centre C.

30. Remarque importante. — **Le point de raccordement R de deux arcs est sur la droite qui joint leurs centres.**

31. Application. — **Tracé d'un mors d'étau.** — Tracer l'axe OX, placer le centre O du trou, décrire l'arc de diamètre 20, mener à l'axe OX les perpendiculaires qui limitent la mâchoire, aux cotes indiquées, et appliquer le tracé du § 29 pour obtenir les arcs de centres C et C′ et de rayon commun 12.

32. Nota. — 1° L'exécution des raccordements exige une grande précision dans les tracés. 2° On ne tracera jamais les arcs qui raccordent avant d'avoir déterminé les points de raccordement en menant les lignes des centres.

Exercice proposé. — Par un point donné A, faire passer un arc de rayon 18 mm et tangent à une circonférence donnée, de rayon 32 mm.

Planche 5

RACCORDEMENTS

Raccorder une droite et un arc par un congé de rayon donné

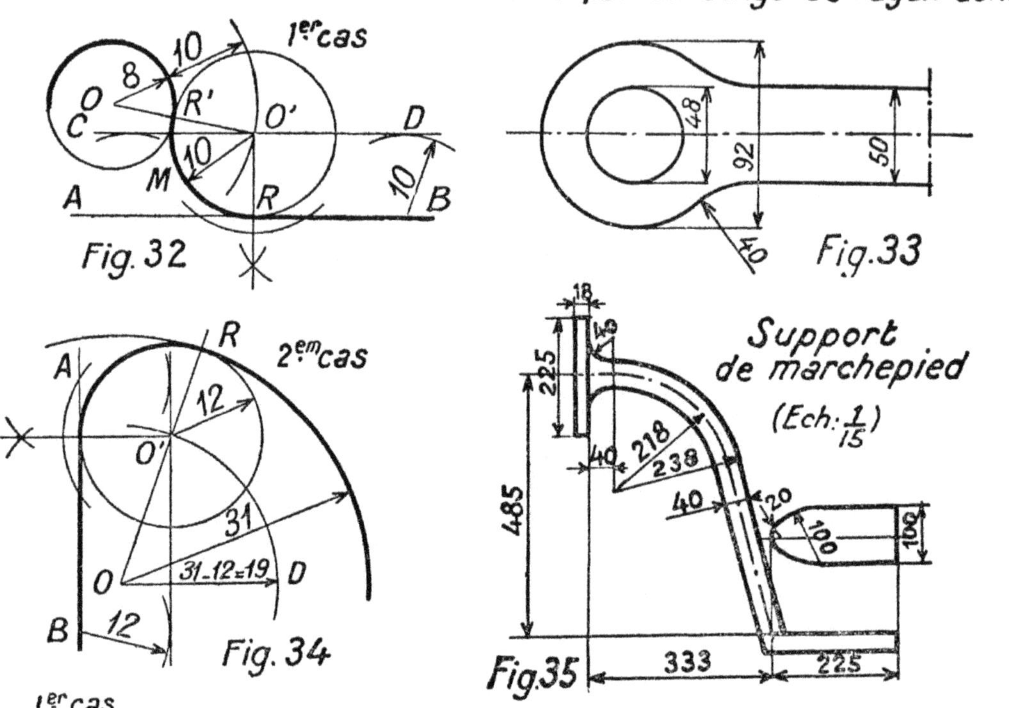

Fig. 32 Fig. 33 Fig. 34 Fig. 35

1er cas

Raccorder deux arcs donnés par un congé de rayon donné

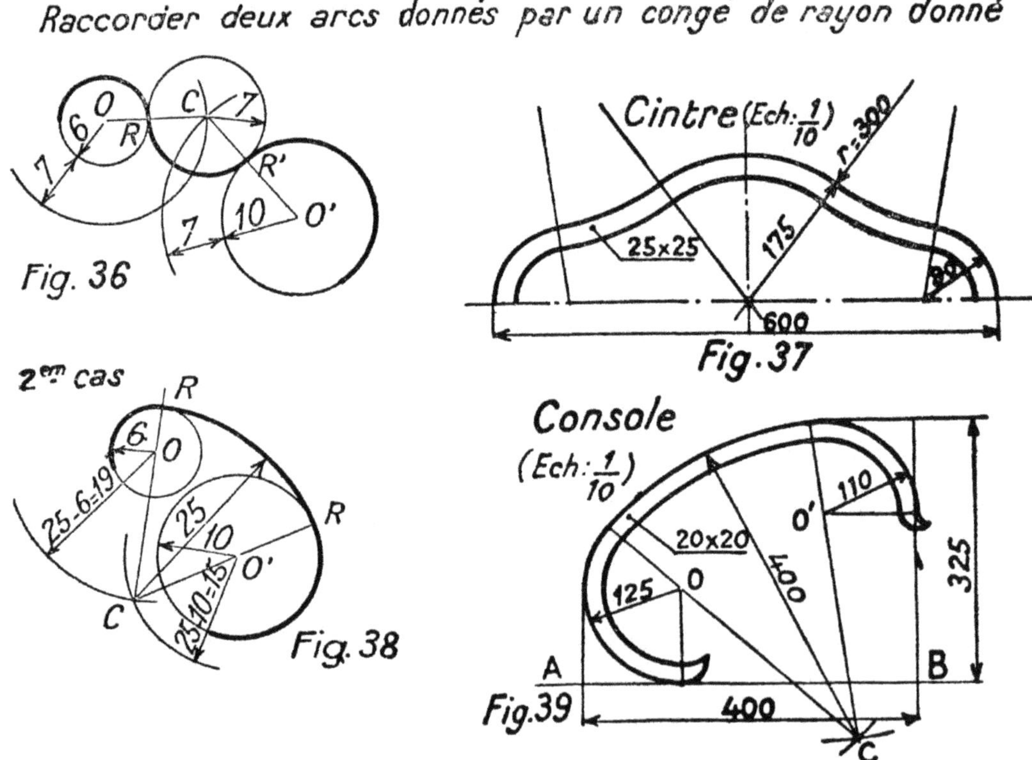

Fig. 36 Fig. 37 Fig. 38 Fig. 39

Planche 5

RACCORDEMENTS (*suite*)

33. **Raccorder une droite et un arc par un arc de rayon donné.** — 1er Cas (fig. 32). — Soit à raccorder la droite AB et le cercle de centre O par un arc de rayon 10 mm. Il s'agit de trouver le centre O′ de ce dernier.

Le centre cherché devant se trouver à 10 mm de AB, il est sur la parallèle CD menée à 10 mm de cette droite. Devant se trouver également à 10 du cercle O, de rayon 8, c'est-à-dire à 10 + 8 du centre O, il est sur la circonférence décrite de ce point O comme centre avec 18 mm de rayon.

Le centre O′ étant ainsi déterminé, abaisser la perpendiculaire O′R sur AB et joindre OO′ pour avoir les points de raccordement R et R′ avant de décrire l'arc de raccordement RMR′.

34. Application. — **Œil de levier** (fig. 33).

35. 2e Cas (fig. 34). — Soit à raccorder la droite AB et le cercle de centre O et de rayon 31 mm par arc de rayon 12. Le tracé est analogue à celui de la fig. 32; mais le rayon de la circonférence concentrique de centre O est égal à la différence et non à la somme des deux rayons donnés (31 — 12 = 19).

36. Application. — **Support de marchepied** (fig. 35).

37. **Raccorder deux arcs par un arc de rayon donné.** — 1er Cas (fig. 36). — Soient les arcs de centres O et O′ à raccorder par un arc de rayon 7 mm. Comme il a été expliqué au § 33, décrire la circonférence concentrique à chacun des cercles O et O′ avec un rayon égal à la somme des rayons: 6 + 7 pour le cercle O et 10 + 7 pour le cercle O′.

38. Application. — **Cintre** (fig. 37).

39. 2e Cas (fig. 38). — Raccordement analogue au précédent; mais la somme des rayons doit être remplacée par la différence.

40. Application. — ***Console*** (fig. 39). — 1° Sur la droite AB, construire un rectangle de 400 × 325;

2° décrire les arcs de centres O et O′ et de rayons respectivement égaux à 125 et 110, tangents aux côtés du rectangle;

3° raccorder ces deux arcs par l'arc de rayon 400, dont le centre sera déterminé comme il a été dit au § précédent.

COURBES USUELLES

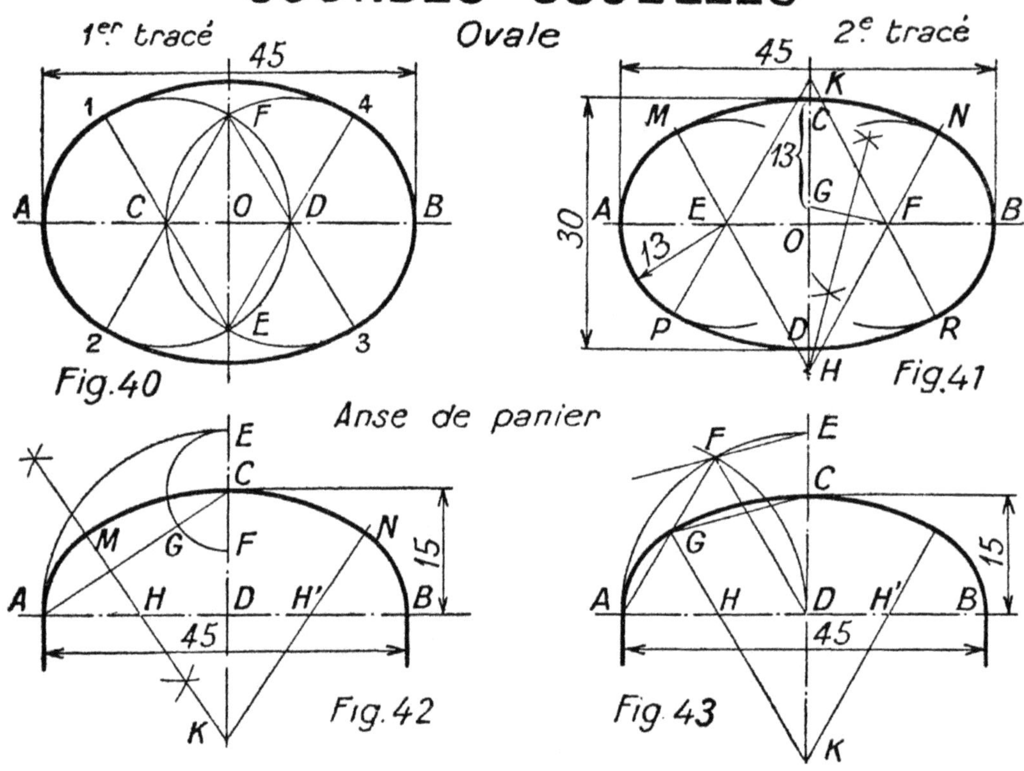

Applications de l'ovale

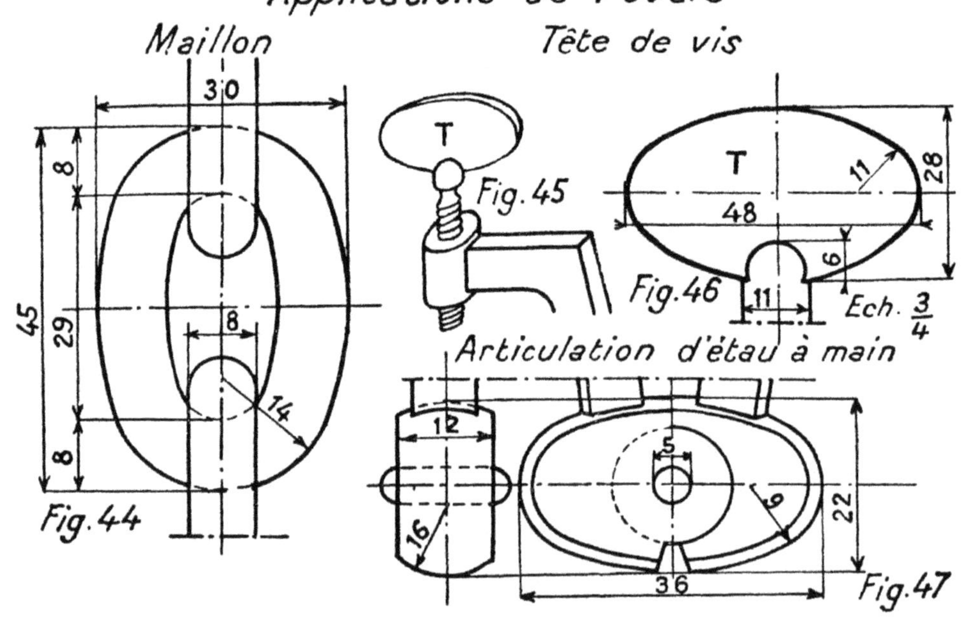

Planche 6

COURBES USUELLES

41. **Ovale.** — 1er TRACÉ (fig. 40): *On ne donne que le grand axe AB de l'ovale.* — 1° Diviser cet axe en trois parties égales et décrire deux cercles, des points de division C et D comme centres, avec un rayon égal au tiers de AB;

2° joindre EC, ED, FC, FD; et des points E et F, décrire, avec le rayon E-1, les deux arcs qui se raccordent aux arcs primitivement tracés.

2e TRACÉ (fig. 41): *On donne les deux axes AB et CD.* — 1° Avec le rayon 13 légèrement inférieur au tiers de AB, décrire, des points E et F, deux arcs passant par les extrémités du grand axe;

2° porter CG = 13, joindre GF et mener la perpendiculaire au milieu de segment; elle coupe le petit axe au point H; on détermine le point symétrique K en portant OK = OH;

3° mener HE, HF, KE, KF pour obtenir les quatre points de raccordement et décrire de H et de K, avec le rayon HM, les deux arcs de raccordement.

42. **Anse de panier.** — 1er TRACÉ (fig. 42): *L'ouverture de l'anse est AB, et sa hauteur ou flèche est CD.* — 1° Porter DE égal à la demi-ouverture AD et, avec la différence CE comme rayon, décrire l'arc EGF;

2° mener la perpendiculaire *au milieu de AG*; elle coupe AB en H et l'axe en K; le point H′ s'obtient en portant DH′ = HD;

3° avec le rayon AH décrire, des centres H et H′, les arcs AM et BN; enfin, raccorder ces deux arcs par l'arc de centre K et de rayon CK.

2e TRACÉ (fig. 43). — 1° Décrire l'arc AFE de centre D et l'arc DF de centre A;

2° joindre EF, mener sa parallèle CG et, du point G, la parallèle GK à FD; le tracé se termine comme plus haut.

43. APPLICATIONS. — 1° **Maillon ovale** (fig. 44).
2° **Tête de vis** (fig. 45 et 46).
3° **Articulation d'un étau à main** (fig. 47).

EXERCICES PROPOSÉS. — Tracer :

1° En doublant ses dimensions, le maillon ovale (fig. 44).

2° En grandeur d'exécution, la tête de vis (fig. 46) et l'articulation (fig. 47).

PROJECTIONS D'UN POINT

1° Sur un plan.

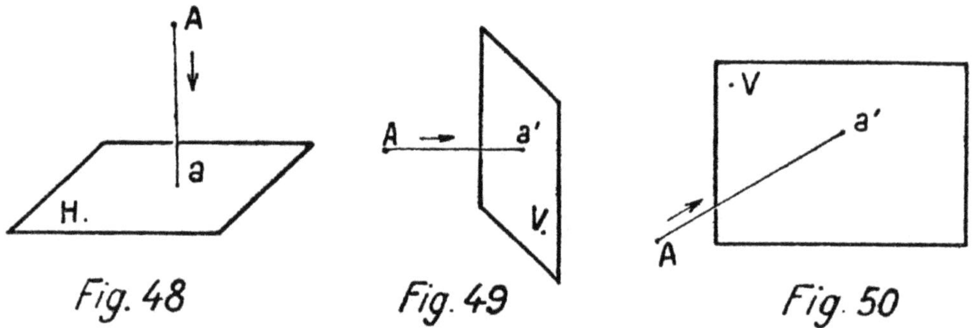

Fig. 48 *Fig. 49* *Fig. 50*

2° Sur deux plans

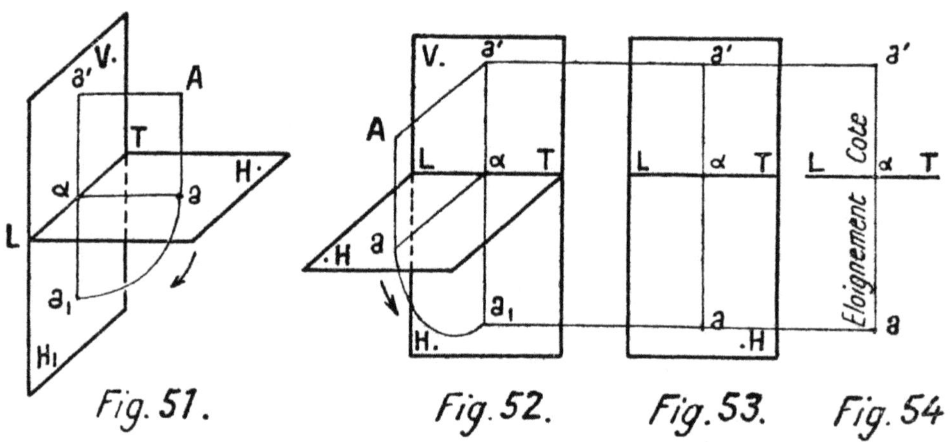

Fig. 51. *Fig. 52.* *Fig. 53.* *Fig. 54*

Quelques positions particulières du point

Point sur le plan V.

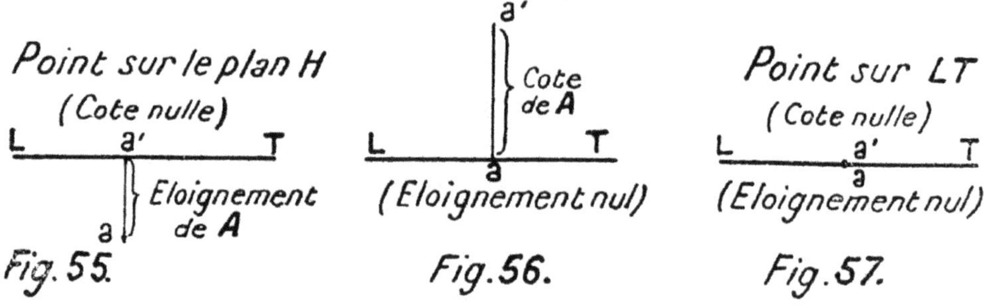

Fig. 55. *Fig. 56.* *Fig. 57.*

CHAPITRE II

Les éléments de ce chapitre seront étudiés à l'aide de trois planchettes articulées matérialisant les plans de projections et de tiges métalliques figurant les projetantes.

NOTIONS SUR LES PROJECTIONS

Planche 7

PROJECTIONS D'UN POINT

44. **Projection sur un plan.** — *La projection d'un point sur un plan est le pied de la perpendiculaire abaissée du point sur le plan.*

Ainsi la projection de A sur le plan H est le point *a* (fig. 48) ; de même, le point *a'* est la projection de A sur le plan V (fig. 49 et 50). La perpendiculaire A*a* est appelée *projetante.*

45. **Nécessité de deux projections.** — Si la projection *a* est donnée (fig. 48), en élevant par ce point la perpendiculaire au plan H, on sait que le point A se trouve sur cette droite; mais on ignore à quelle hauteur. Une projection sur un plan vertical donnera cette hauteur.

46. **Projection sur deux plans.** — Soit le point A (fig. 51). On le projette successivement sur le plan horizontal H et sur le plan vertical V appelés plans de projections, dont l'intersection est la *ligne de terre* LT: *a* est la projection horizontale de A; *a'* est sa projection verticale.

Par *a* et *a'* abaissons les perpendiculaires sur LT : elles se coupent au point α.

47. **Rabattement sur un plan unique.** — Pour obtenir l'ensemble des deux projections *a* et *a'* sur un seul plan (tableau noir, planchettes, etc.), on rabat le plan horizontal H autour de LT comme charnière (fig. 51) ; lorsqu'il est dans le prolongement du plan vertical V, les deux projections se trouvent sur la même perpendiculaire *a'a*, à LT.

La fig. 52 indique la même opération qui fournit la fig. 53. La fig. 54 dans laquelle la limite des plans H et V est supprimée est appelée *épure du point A.* La droite *aa'* est la *ligne de rappel.*

La hauteur du point A au-dessus du plan horizontal est la *cote* de ce point; dans les fig. 51 et 52, c'est $Aa = a'\alpha$; dans l'épure (fig. 54), c'est $a'\alpha$.

La distance de A au plan V est l'*éloignement* de ce point. Dans les fig. 51 et 52 c'est $Aa' = a\alpha = a_1\alpha$; et dans l'épure, c'est $a\alpha$.

48. **Quelques positions particulières du point.** — 1° Si le point A est dans le plan H, sa cote est nulle; sa projection verticale *a'* est donc sur LT (fig. 55).

2° Si le point A est dans le plan V, c'est l'éloignement qui est nul (fig. 56).

3° Si le point est sur LT, la cote et l'éloignement sont nuls (fig. 57).

Exercices proposés. — Dessiner l'épure: 1° d'un point dont la cote et l'éloignement sont égaux à 16 mm;

2° d'un point dont la distance au plan H est double de sa distance au plan. V.

PROJECTIONS D'UNE DROITE

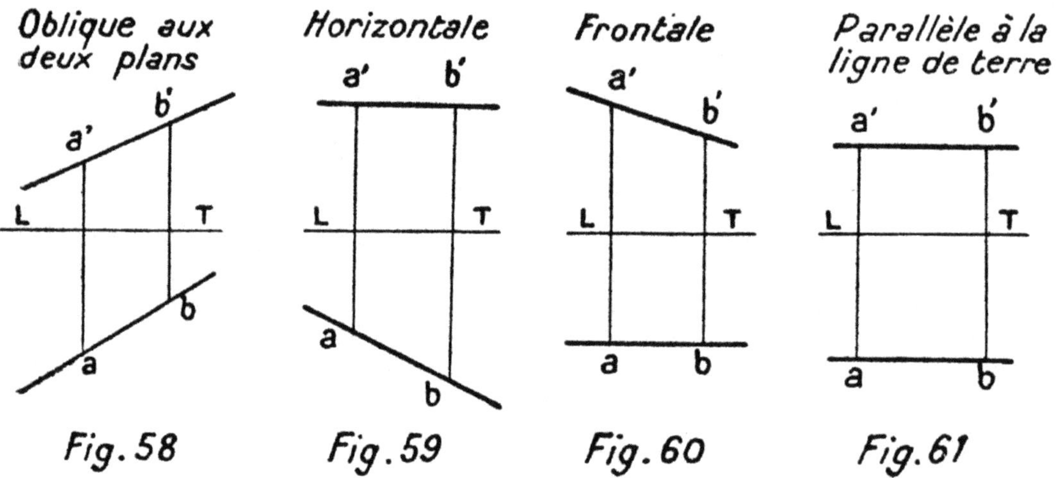

Fig. 58 Fig. 59 Fig. 60 Fig. 61

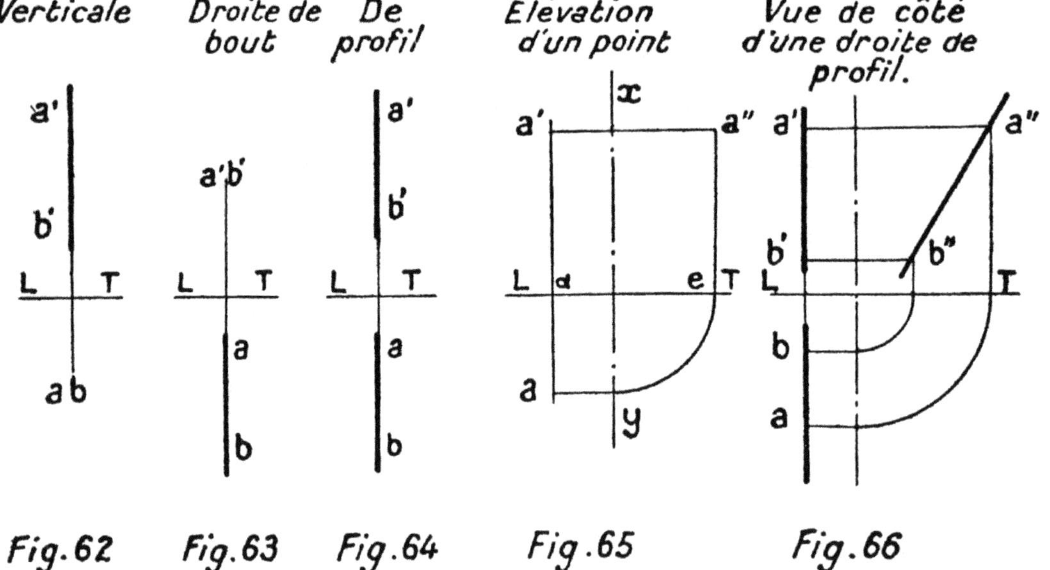

Fig. 62 Fig. 63 Fig. 64 Fig. 65 Fig. 66

Planche 8

PROJECTIONS D'UNE DROITE

49. **Droite quelconque.** — *La projection d'une droite est la droite qui joint les projections de deux de ses points.*

La figure 58 donne l'épure d'une droite AB. On dit, aussi, la droite (ab, $a'b'$).

50. **Horizontale** (fig. 59). — Les cotes de tous les points d'une horizontale étant égales, la projection verticale $a'b'$ est parallèle à LT.

La projection horizontale ab est la *vraie grandeur* du segment AB.

51. **Frontale** (fig. 60). — Les éloignements de tous les points d'une parallèle au plan V ou *frontale* étant égaux, sa projection horizontale ab est parallèle à LT.

La projection verticale $a'b'$ est la *vraie grandeur* du segment AB.

52. **Parallèle à LT** (fig. 61). — Les deux projections sont parallèles à LT et égales à AB.

53. **Verticale** (fig. 62). — Les projetantes de deux points A et B d'une verticale se confondent avec cette verticale; donc elles coupent le plan H au même point. Ainsi, la projection horizontale de la verticale AB est un point (ab) ; sa projection verticale $a'b'$ est perpendiculaire à LT et égale à AB.

54. **Droite de bout** (fig. 63). — Par analogie avec ce qui précède, on voit que la projection verticale d'une droite AB perpendiculaire au plan V, *ou droite de bout*, est le point (a') ; sa projection horizontale ab est perpendiculaire à LT et égale à AB.

55. **Droite de profil.** — Une *droite de profil* est une droite située dans un plan de profil, c'est-à-dire dans un plan perpendiculaire aux plans H et V, et par suite à LT. (Dans une salle rectangulaire, le plancher est le plan H, le mur de face est le plan V; les deux murs latéraux sont des plans de profil).

Les deux projections d'une droite de profil AB (fig. 64) sont perpendiculaires à LT.

56. **Profil d'un point.** — Dans les dessins, on a souvent besoin d'une troisième projection pour représenter clairement toutes les parties des organes.

Soit le point (a, a') (fig. 65) ; on cherche la projection a'' de A sur un plan de profil xy et on rabat ce plan sur le plan V autour de *la ligne de mur* xy comme charnière. Dans l'épure, à l'aide d'un quart de cercle, on porte l'éloignement $\alpha a = dy$ en de et en xa''.

57. **Profil d'une droite** (fig. 66). — *On cherche le profil de deux* de ses points.

Le profil $a''b''$ est la *vraie grandeur* du segment de profil AB. On le désigne sous le nom de *vue de côté*.

Exercices proposés. — Représenter par leurs trois projections :

1° un segment de droite horizontal de longueur 30 mm et de cote 20 mm, sachant qu'il forme un angle de 45° avec le plan V;

2° une droite du plan V, inclinée de 60° par rapport au plan H;

3° un segment de droite de profil de longueur 40 mm également incliné par rapport aux plans H et V.

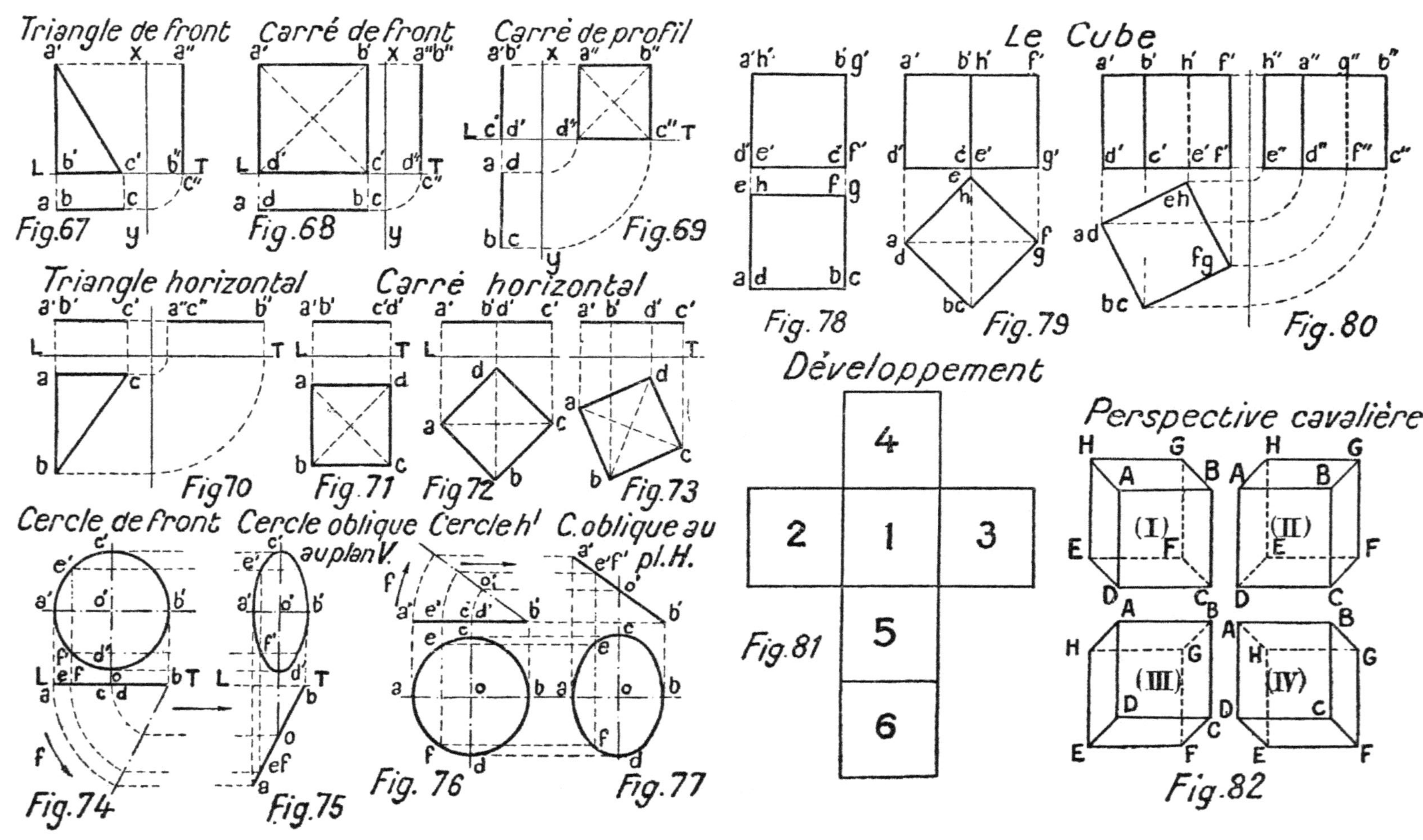
FIGURES PLANES
SOLIDES GÉOMÉTRIQUES
Triangle de front
Fig.67
Carré de front
Fig.68
Carré de profil
Fig.69
Triangle horizontal
Fig70
Carré horizontal
Fig. 71
Fig72
Fig.73
Cercle de front
Fig.74
Cercle oblique au plan V.
Fig.75
Cercle h'
Fig. 76
C. oblique au pl.H.
Fig.77
Le Cube
Fig. 78
Fig.79
Fig.80
Développement
4
2
1
3
5
6
Fig.81
Perspective cavalière
(I)
(II)
(III)
(IV)
Fig.82

Planche 9

PROJECTIONS DES FIGURES PLANES

58. **Triangle de front** (fig. 67). — Les trois côtés étant de front, la projection horizontale est une droite *ac* parallèle à LT (§ 51); la vue *a″c″* est également parallèle à *xy*; enfin, la projection verticale *a′b′c′* est la *vraie grandeur* du triangle ABC.

Il en est de même pour le carré de front (fig. 8).

59. **Carré de profil** (fig. 69). — Le carré ABCD, étant de profil, se projette en vraie grandeur sur le plan de profil *xy*; ses projections horizontale et verticale se réduisent à deux droites *ac* et *a′c′* perpendiculaires à LT.

60. **Triangle horizontal** (fig. 70). — Les trois côtés étant horizontaux, la projection verticale est une droite *a′c′* parallèle à LT (§ 50); il en est de même pour la vue *a″b″*. La *projection horizontale abc* est la *vraie grandeur* du triangle ABC.

61. **Carré horizontal.** — Dans la figure 71, le carré horizontal a deux côtés de front (AD et BC).

Dans la figure 72, c'est l'une des diagonales, AC, qui est de front; les côtés forment un angle de 45° avec le plan V.

Enfin, le carré de la figure 73 a les côtés et les diagonales obliques par rapport au plan V.

62. **Cercle de front** (fig. 74). — Analogie avec le carré de la figure 68.

63. **Cercle vertical oblique au plan V.** — L'épure de la figure 74 montre comment on passe du cercle de front au cercle oblique de la figure 75. La projection horizontale est devenue oblique à LT, et la projection verticale est devenue une *ellipse* que l'on construit point par point, en partant du cercle. Ainsi, le point (*e*, *e′*) de la figure 74 donne le point (*e*, *e′*) de la figure 75.

64. **Cercle horizontal** (fig. 76) **et cercle de bout oblique au plan H** (fig. 77).

SOLIDES GÉOMÉTRIQUES

65. **Le cube.** — Le cube de la figure 78 repose par sa face CDEF sur le plan H et par la face EFGH sur le plan V. Celui de la figure 79 a ses quatre faces également inclinées par rapport au plan V (à 45°). Enfin le cube de la figure 80 a ses faces verticales inégalement obliques au plan V.

66. **Développement. — *Développer un solide, c'est étendre, sans pli, ni déchirure, sa surface sur un plan,*** de façon que le solide puisse être facilement réalisé.

La figure 81 donne le développement du cube.

67. **Perspective cavalière.** — Dans la perspective cavalière (fig. 82), on place une face (ABCD) de front, c'est-à-dire en vraie grandeur, et par ses quatre sommets on mène les obliques parallèles AH, BG, CF, DE (l'angle de pente varie entre 30 et 90°). Sur chacune de ces obliques qui sont les perspectives des arêtes de bout, on porte une réduction de sa vraie longueur $\left(\frac{1}{2}, \frac{2}{3}, \frac{3}{4}\right)$; ainsi, $AH = \frac{AD}{2}$. Ces obliques ou *fuyantes*, peuvent avoir, d'ailleurs, quatre directions différentes, ainsi que le montrent les figures I, II, III et IV.

Dans un objet, certaines faces sont plus intéressantes que les autres; on choisit la direction des obliques de façon que ces faces soient vues; le (II) par exemple, permettra de montrer clairement les faces du haut et de droite.

Exercices proposés. — Représenter à trois projections :
1° un rectangle de front mesurant 30 × 20, dont les grands côtés sont horizontaux;
2° un cercle vertical de diamètre 45 mm, faisant un angle de 60° avec le plan V.

SOLIDES GEOMETRIQUES

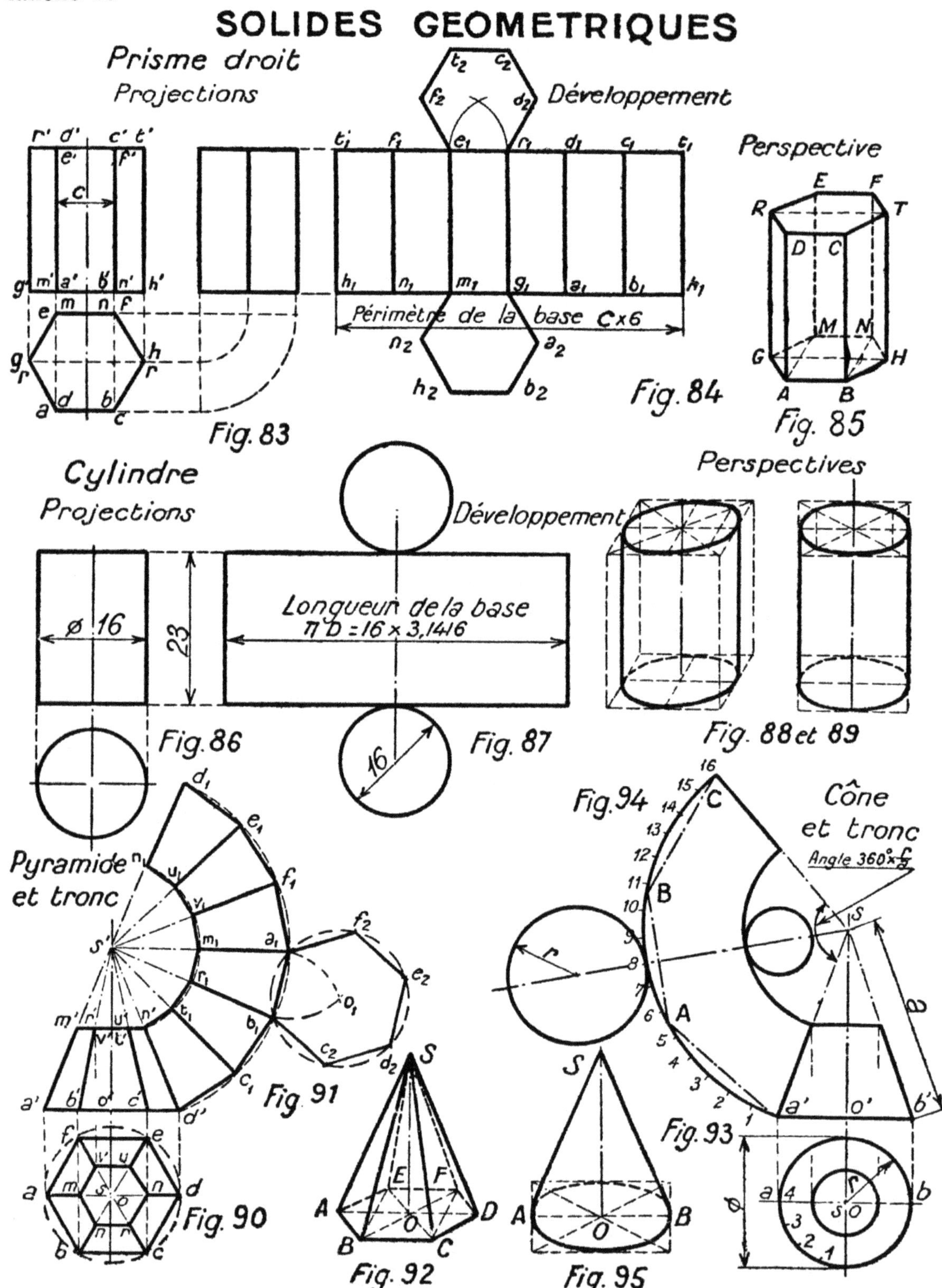

Planche 10

SOLIDES GÉOMÉTRIQUES (*suite*)

68. **Prisme droit.** — Le prisme droit à base hexagonale régulière (fig. 83) repose par l'une de ses bases sur le plan H; deux de ses faces sont de front.

Les projections, le développement (fig. 84) et la perspective (fig. 85) s'obtiennent facilement par analogie avec le cube de la planche 8. On remarquera que la longueur du développement est égale au périmètre de la base, ou 6 fois le côté. Pour la perspective, on tracera d'abord GH qu'on divisera en 4 parties égales.

69. **Cylindre droit.** — Le cylindre circulaire droit pouvant être considéré comme un prisme droit dont le nombre de faces est infini, les figures 86 à 88 s'obtiennent en opérant comme pour le prisme.

Pour tracer la perspective des cercles de base, on trace d'abord celle du carré circonscrit, on mène les diagonales et on joint les milieux des côtés opposés; on en déduit facilement l'ellipse.

Dans la figure 89, l'angle des fuyantes est de 90°.

70. **Pyramide régulière.** — *a*) Projections. — La pyramide reposant par sa base hexagonale régulière sur le plan H, on obtient sa projection horizontale en traçant l'hexagone en vraie grandeur (fig. 90) et en joignant ses sommets au centre O.

Si l'on coupe le solide par un plan horizontal dont la projection verticale est $m'n'$, on a un *tronc de pyramide* dont la petite base se projette horizontalement suivant l'hexagone *mrtnuv* obtenu en menant les lignes de rappel de la projection verticale.

b) Développement (fig. 91). — La surface laétrale se compose de 6 triangles isocèles égaux, la longueur $s'd$, du côté étant égale à la projection verticale de l'une des arêtes de front SD ou SA.

En décrivant un arc, de s' comme centre, avec $s'd$ pour rayon et en portant sur cet arc six cordes égales au côté de la base, on a les sommets c_1, b_1, a_1, f_1, e_1, d_1 qu'il suffit de joindre au point s'.

On opère de même pour la petite pyramide et l'on a le développement du tronc, composé de 6 trapèzes isocèles égaux.

c) Perspective (fgi. 92). — On dessine la perspective de la base en partant de la diagonale de front AD, on prend le milieu O de AD et sur la perpendiculaire à AD, on porte la longueur OS égale à la hauteur $o's'$ de la pyramide.

71. **Cône circulaire droit.** — *a*) Projections. — Par analogie avec la pyramide, on détermine les projections du cône et du tronc de cône (fig. 93).

b) Développement. — 1er procédé: Diviser la circonférence de base de 16 parties égales (il suffit de diviser son quart en 4), et porter 16 fois l'une de ces divisions sur l'arc de centre s' et de rayon $s'd'$ (fig. 94). Ce tracé n'est qu'approximatif, car deux cordes égales ne sous-tendent pas deux arcs égaux dans deux circonférences inégales.

2° PROCÉDÉ: Sur la circonférence de centre S′ et de rayon $s'a'$, il suffit de porter trois cordes égales au diamètre de la base $a'A = AB = BC$. Ce tracé n'est rigoureusement exact que lorsque la projection verticale $a's'b'$ est un triangle équilatéral; dans ce cas, le développement est un demi-cercle.

3° PROCÉDÉ: Construire, à l'aide du rapporteur, l'angle $a's'C = 360^\circ \times \frac{r}{a}$. Ainsi, dans le cas où $r = \frac{a}{3}$, il suffira de prendre le tiers de la circonférence, c'est-à-dire 120°.

Le développement du tronc de cône se déduit facilement de celui du cône.

c) PERSPECTIVE (fig. 95). — Tracer l'ellipse, perspective de la base, comme pour le cylindre (fig. 89); puis, tracer l'axe, porter la hauteur OS et mener les tangentes SA et SB à l'ellipse.

71 bis. **Règle générale pour dessiner une perspective cavalière.** — Pour représenter une pièce ou un organe en perspective cavalière, on dessine d'abord, en vraie grandeur ou à l'échelle, l'élévation de la face plane principale de l'objet.

Par chacun des sommets et des points remarquables de cette face, on mène ensuite les fuyantes comme il a été indiqué pour le cube (§ 67).

Il ne reste plus qu'à porter sur ces fuyantes leurs longueurs réduites et à joindre les points ainsi obtenus.

NOTA. — *La perspective cavalière est un complément utile des dessins cotés dont elle facilite la lecture.*

EXERCICES PROPOSÉS. — Représenter, par trois projections et leur perspective, les solides suivants :

1° une pièce à section rectangulaire 60 × 30 × 15, placée *sur champ* et de front;

2° un prisme droit et vertical à base carrée (côté du carré, 20 mm; hauteur, 80 mm);

3° un cylindre de bout de diamètre 30 et de hauteur 45 mm;

4° une pyramide pentagonale régulière dont l'une des arêtes latérales est de profil (dimensions libres); développer cette pyramide;

5° un tronc de cône circulaire droit dont la grande base est appliquée sur le plan V : (D = 60; $d = 40$; $h = 80$).

CHAPITRE III

I. Les principes et conventions contenus dans ce chapitre doivent être appris et observés ponctuellement.

II. Tous les croquis cotés seront faits d'après nature. Ceux du présent ouvrage sont donnés à titre d'indication et comme exercices de lecturé.

CROQUIS COTÉS

GÉNÉRALITÉS

72. **Définitions.** — ***L'ensemble des projections*** (à main levée) ***d'un organe, avec les dimensions*** (cotes) ***et les rénséignéménts utiles à l'exécution de cet organe à l'atelier,*** porte le nom de *croquis coté.*

La reproduction ou *mise au net* du croquis coté, à l'aide des instruments d'usage, en vraie grandeur ou à l'échelle, constitue le *dessin* proprement dit.

La projection verticale est appelée *élévation* ou *vue de face;* la projection horizontale est nommée *vue de dessus;* le profil, *vue de gauche* s'il est placé à droite de l'élévation, et *vue de droite* s'il est placé à gauche.

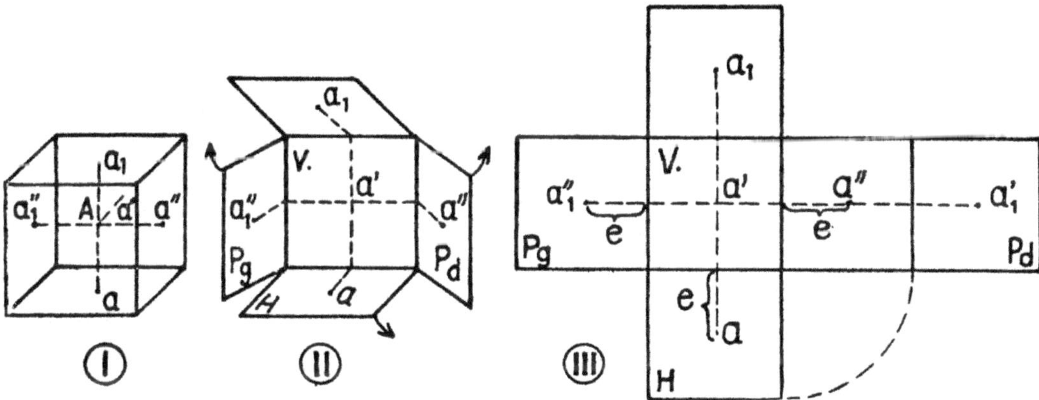

En somme, la pièce étant supposée placée à l'intérieur d'un cube (fig. *a*), est projetée sur les six faces. Sur la face arrière, qui est le plan de projection vertical V, sont ensuite rabattues les cinq autres faces (fig. *b* et *c*).

Pratiquement, on réduit au minimum le nombre de vues. L'élévation peut même suffire à elle seule (pl. 18), si elle donne, sans ambiguïté, toutes formes et cotes utiles.

73. **Cotation.** — Les cotes devant permettre à l'ouvrier de réaliser l'organe représenté, un *croquis mal côté n'a aucune valeur.*

Inscrire d'abord les cotes principales (cotes d'axes et cotes extrêmes), puis les cotes des parties évidées. Répartir les cotes entre les diverses vues en répétant les répétitions inutiles; autant que possible, les placer en dehors des vues, les cotes partielles étant les plus repprochés du dessin (fig. 96). S'assurer que le total de ces cotes partielles est égal à la cote générale.

Vérifier les cotes des surfaces à travailler.

74. Observations. — Lorsqu'un organe est représenté en pièces séparées, les coter une à une et complètement.

Planche II

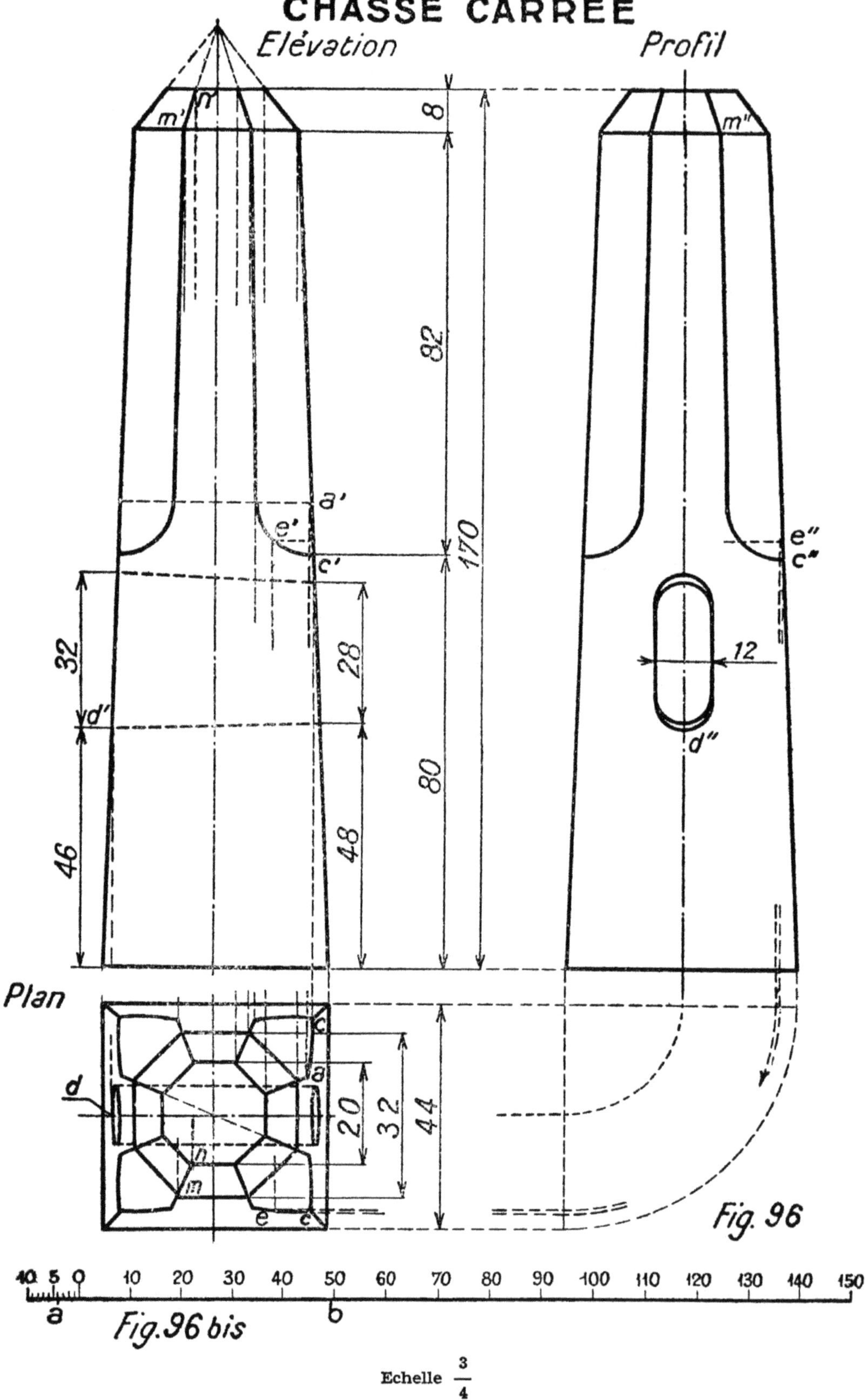

Echelle $\frac{3}{4}$

Planche 11

CHASSE CARRÉE

75. Le dessin de la pl. 11 représente un outil de forgeron, la *chasse carrée.* Il comprend trois vues dont le tracé est l'application des notions données sur la pyramide (§ 70).

On tracera d'abord le plan et l'élévation (Le trou n'a pas été représenté dans le plan).

76. **Construction d'une échelle simple.** — Le dessin de la chasse est fait à l'échelle $\frac{3}{4}$.

Pour construire une échelle simple, à partir d'un point O pris sur une droite (fig. 101) on porte, sans déplacer le double-décimètre, les multiples du nombre obtenu en multipliant 10 mm par l'échelle, et on inscrit les multiples de 10 aux points ainsi obtenus. Dans le cas présent $\left(\text{échelle } \frac{3}{4}\right)$, on portera 10 mm $\times \frac{3}{4} = 7$ mm, et les multiples de 7,5: 15, 22,5, 30, 37,5, 45. Chaque division représente une dizaine de millimètres.

On porte ensuite une de ces divisions de O vers la gauche (7,5^{mm} au double décimètre) et on la divisie en 10; chaque petite division représente donc un millimètre.

77. **Usage de l'échelle.** — Pour porter 53 mm, par exemple, on relèvera au compas la distance *ab* (fig. 96 bis).

PLANCHES 12 et 13

DES COUPES

78. L'élévation, le plan et le profil ne suffisent pas toujours; lorsque l'organe présente des parties intérieures intéressantes, pour montrer clairement celles-ci, on pratique des *coupes.*

Le tracé de ces coupes est basé sur les conventions suivantes généralement adoptées.

Principe. — Le dessin d'une coupe comprend : 1° la ***section*** de l'organe par le plan sécant; cette section porte des hachures équidistantes à 60 ou 30°;

2° la ***projection*** des parties de l'organe situées au-dessous ou en arrière du plan de coupe.

On suppose donc que la partie de l'organe située au-dessus ou en avant du plan sécant a été enlevée (pl. 12 et 13). (Quelquefois cependant, on représente cette dernière en trait rouge continu ou en trait mixte noir).

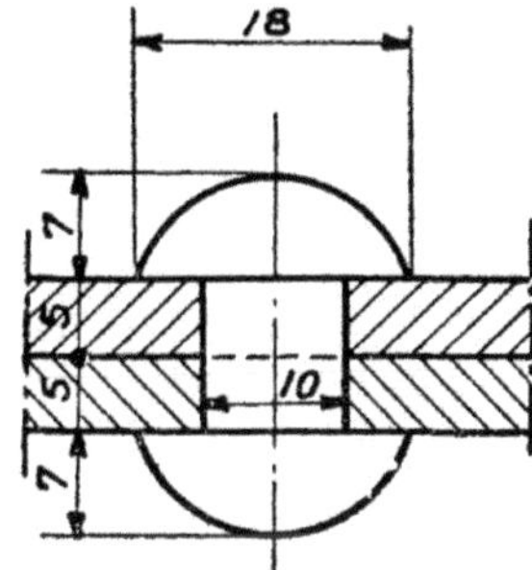

Application. — Les deux modèles de la pl. 12 sont faciles à exécuter en bois ou en plâtre. En effectuant les diverses coupes expliquées pl. 13, les élèves s'exerceront à la représentation des coupes dans toutes les positions possibles. *Nous recommandons particulièrement les exercices théoriques des planches 12 et 13.*

79. ***Demi-coupes.*** — Dans le cas de symétrie par rapport à l'axe, une demi-coupe suffit. C'est le cas de la *traverse* E (fig. 127). Quelquefois même, une plus faible fraction de coupe est suffisante (fig. 128).

Remarque. — Il est inutile de couper en long les pièces qui ne représentent intérieurement aucun détail intéressant. Ainsi, on ne coupe jamais longitudinalement les arbres, vis, boulons, rivets (fig. ci-contre), nervures, bras de poulies, clavettes, etc.

Exercices proposés. — Construire les échelles : 0,8; 0,4; $\frac{1}{20}$ ou 0,05.

COUPES (Fig. 97 à 109)

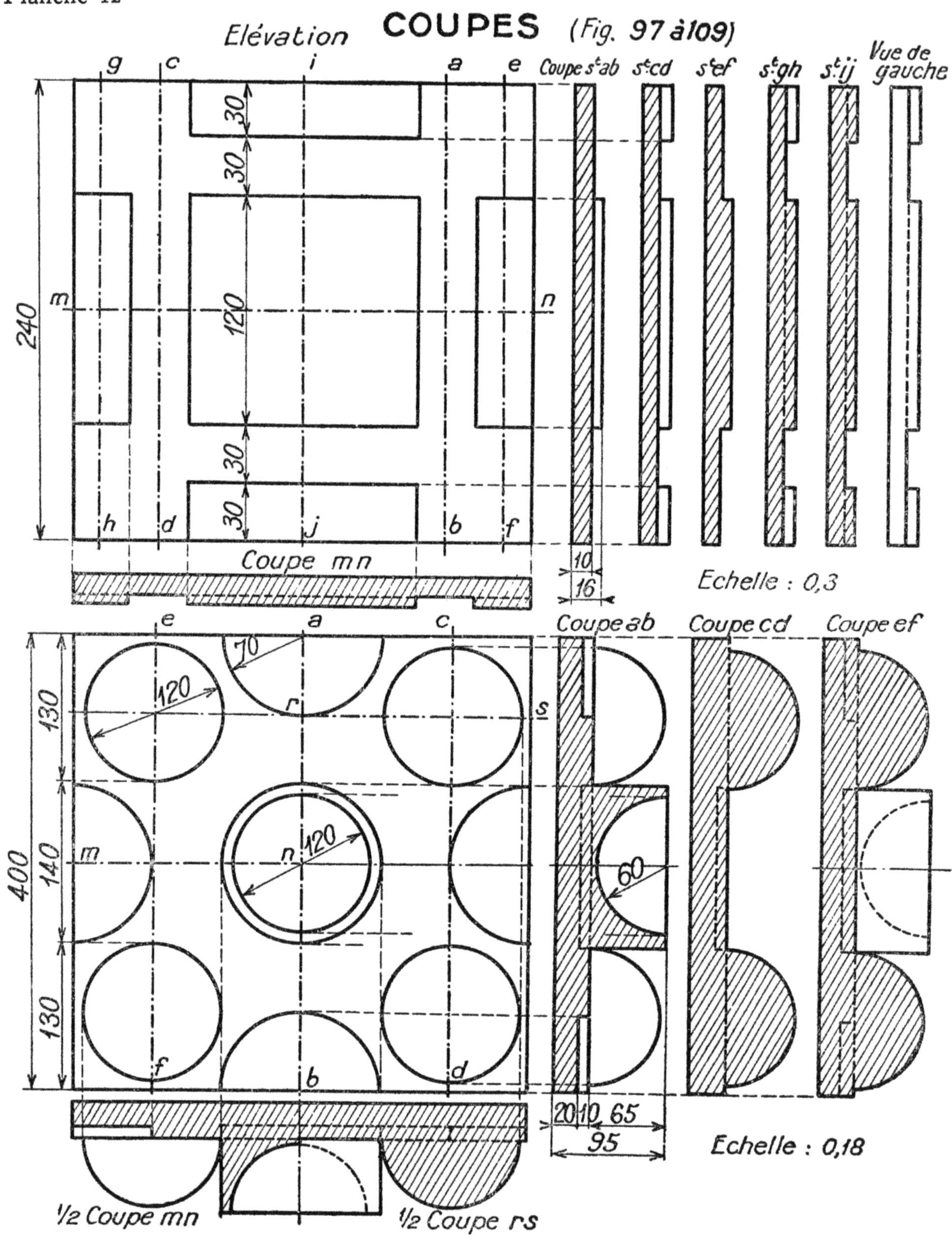

PERSPECTIVES EXPLICATIVES

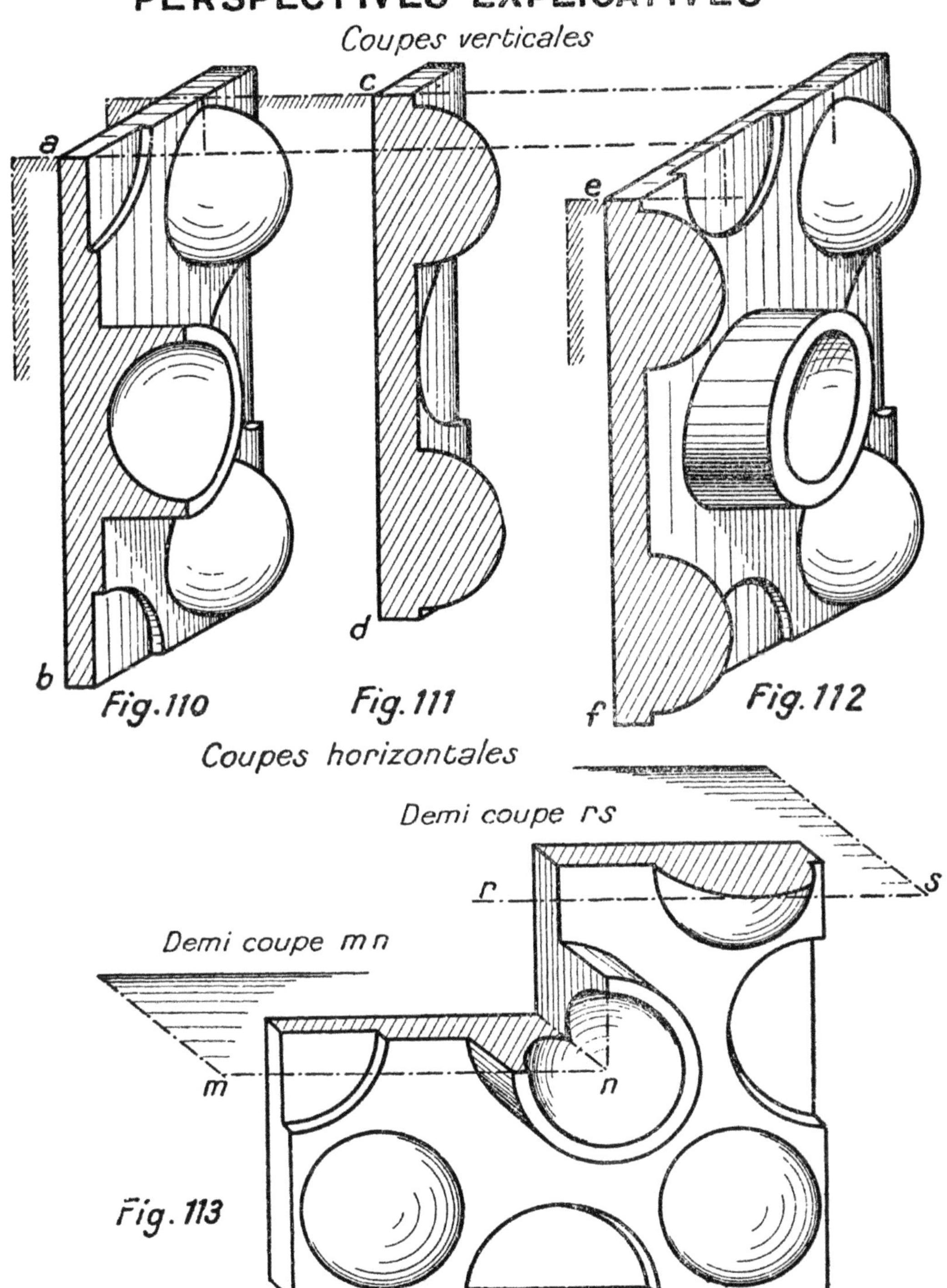

COUPES SUR PLACE

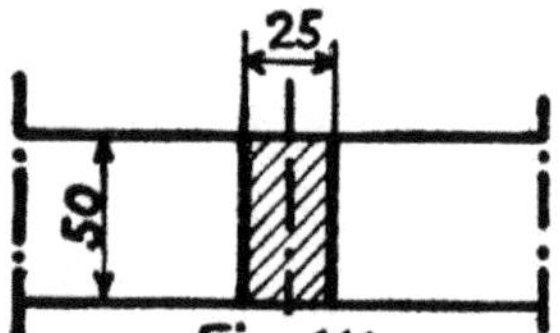

Fig. 114 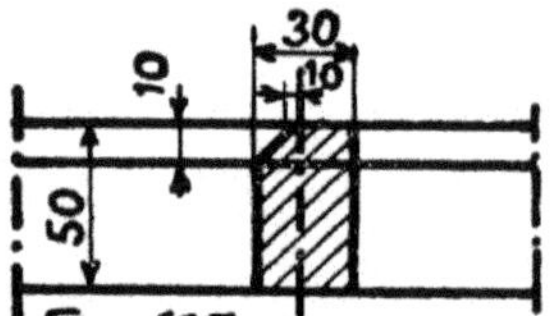 Fig. 115 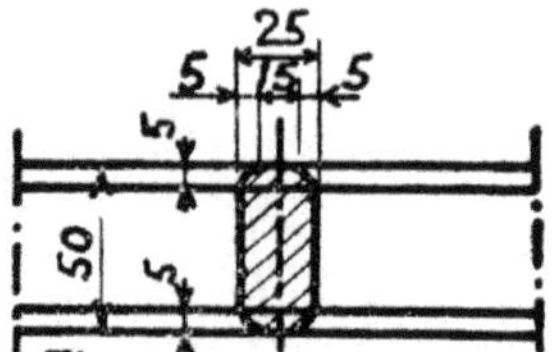 Fig. 116

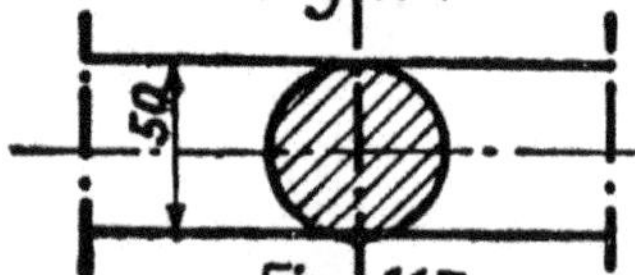

Fig. 117 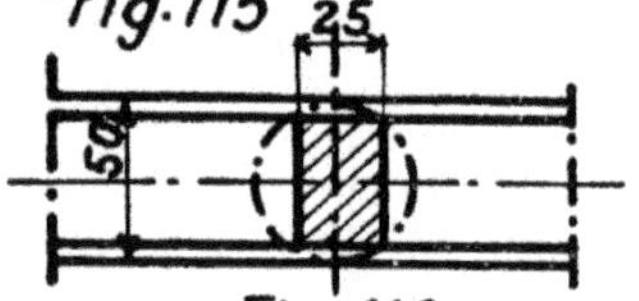 Fig. 118 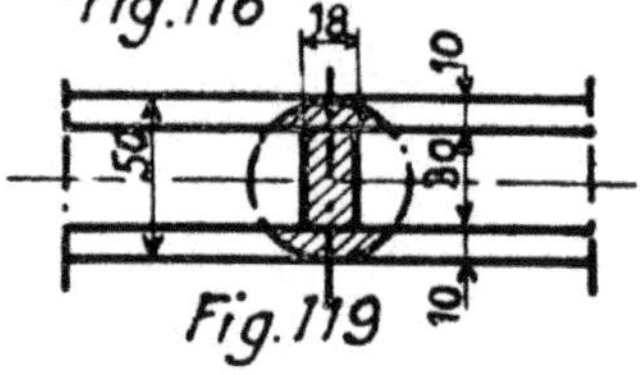 Fig. 119

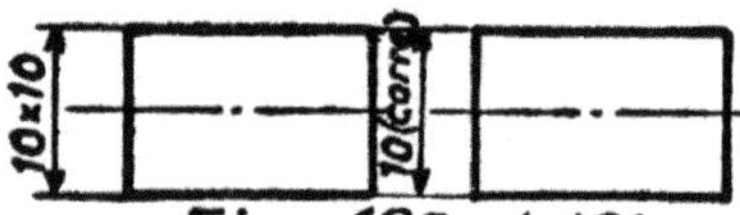

Fig. 120 et 121 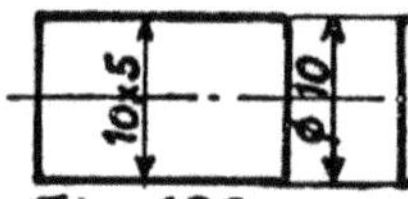 Fig. 122 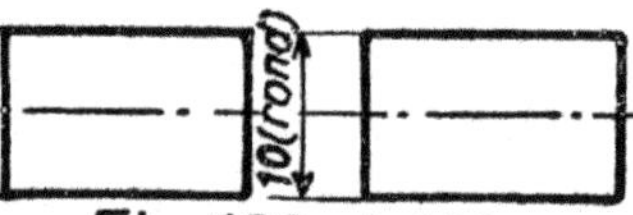 Fig. 123 et 124 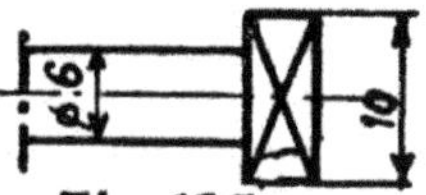 Fig. 125

Vis de poupée mobile de tour

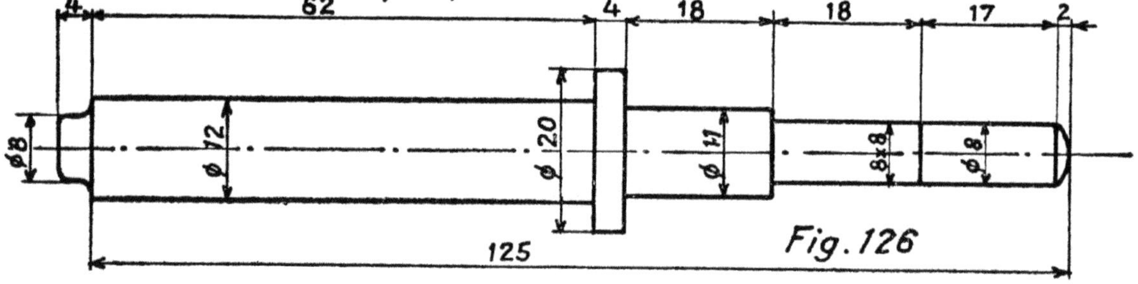

Fig. 126

Traverse (Ech. 0,4)

Demi-Elévation Demi-coupe ab

Vue de dessus

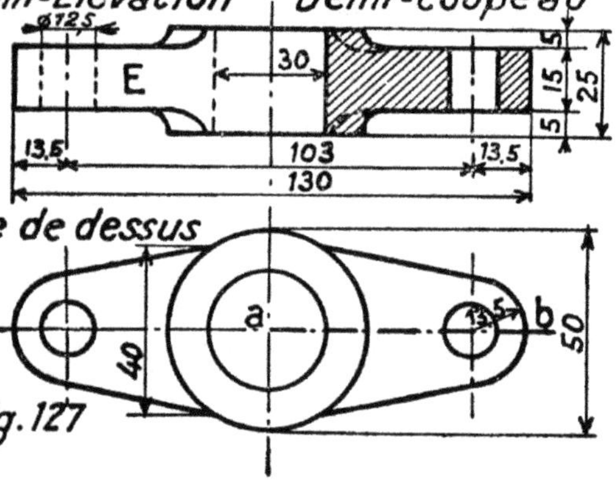

Fig. 127

Demi-Collier

(Ech: 0,1)

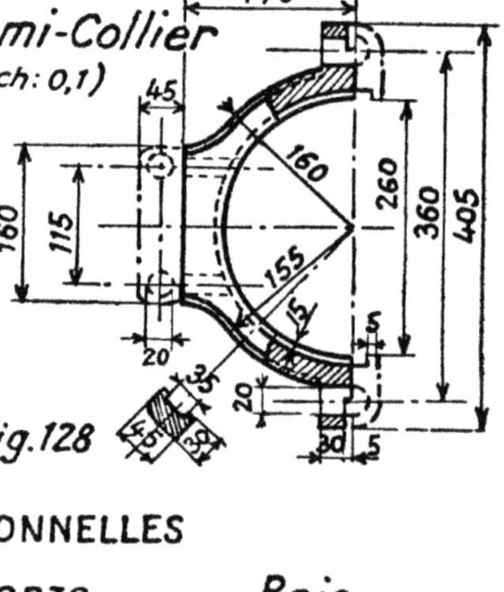

Fig. 128

HACHURES CONVENTIONNELLES

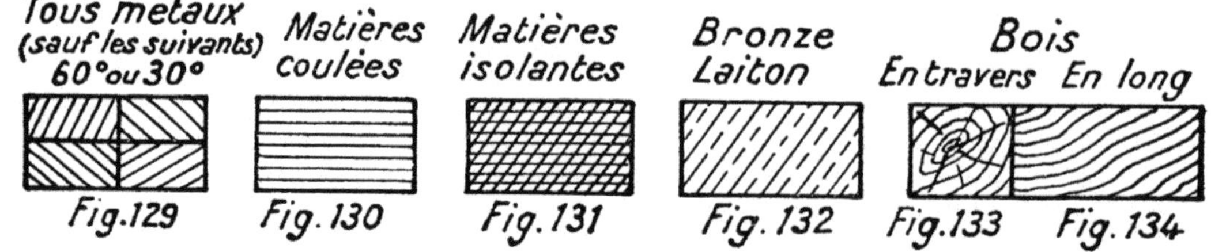

Fig. 129 Fig. 130 Fig. 131 Fig. 132 Fig. 133 Fig. 134

Planche 14

80. **Sections rabattues.** — 1° La section d'une pièce peut être dessinée soit en dehors de la vue principale, soit sur cette vue même; dans le premier cas, c'est une *coupe sortie* et dans le second, une *esction rabattue* ou *coupe sur place* (fig. 114 à 119, pl. 14).

2° Un procédé de représentation encore plus rapide consiste à se contenter de l'élévation sur laquelle une notation écrite fait connaître la section (fig. 120 à 124); le tracé des deux diagonales (fig. 125) caractérise la section carrée.

3° Enfin on peut remplacer le plan et le profil par un demi-rabattement ou par un rabattement complet (fig. 128).

81. **Hachures conventionnelles.** — On distingue les matériaux à l'aide de hachures dont la nature et l'écartement diffèrent (fig. 129 à 134).
Dans les *dessins rigoureux* ou *mises au net*, on remplace parfois ces hachures par des teintes conventionnelles dont la couleur rappelle celle de la matière.

CONSEILS GÉNÉRAUX RELATIFS A L'EXÉCUTION DES DESSINS

Les planches 14, 15, 16 et 17 renferment les dessins d'organes simples. Elles sont destinées à montrer aux apprentis comment il faut comprendre et exécuter un dessin industriel. Ce sont des planches à étudier et non à copier, les croquis cotés devant toujours être exécutés d'après les organes en nature.

82. **Ordre d'exécution.** — Pour l'exécution d'un dessin, on suivra l'ordre suivant:

1° *relevé du croquis coté* d'une pièce ou d'un organe en plusieurs pièces (les pièces détachées d'abord, puis l'ensemble monté);

2° *exécution de la mise au net* de ce croquis ou de l'une de ses parties seulement.

83. **Croquis coté.** — 1° ***Examiner attentivement le modèle,*** étudier son fonctionnement et la forme de ses diverses parties. Cette forme dépend du rôle que doit jouer l'organe; elle laisse quelquefois à désirer; les apprentis apprendront peu à peu à la *critiquer*.

2° ***Rechercher quelles sont les vues nécessaires*** pour que la représentation soit complète et facile à lire. N'oublions pas, en effet, que le croquis coté doit permettre de réaliser à l'atelier un organe identique à celui qui est dessiné. *En principe, tout arc de cercle doit être projeté en vraie grandeur sur l'une des vues.*

3° ***Mettre ces vues en place*** en commençant par les grandes lignes et en faisant suivre toutes les vues en même temps. L'élévation est la vue principale.

4° ***Placer les lignes de cotes, relever et inscrire les dimensions avec le plus grand soin.***

5° ***Terminer par des indications secondaires :*** titres, légendes, observations relatives au travail d'atelier.

84. **Dessin rigoureux.** — Le dessin rigoureux ou mise au net peut être terminé au crayon; mais il devra renfermer toutes les cotes et indications utiles pour l'exécution à l'atelier de l'objet représenté. La mise à l'encre offre si peu d'intérêt pour les apprentis qu'elle peut être laissée de côté.

Le plus souvent, le tracé rigoureux consistera simplement dans le dessin d'une seule pièce ou d'une partie particulièrement intéressante du croquis (*contour d'un toc*, fig. 162, pl. 20). Un ensemble, toutes pièces montées, ne pourra donner lieu à une mise au net que si l'organe est très simple; dans le cas contraire, son exécution serait de trop longue durée.

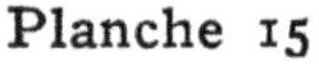

Planche 15

MANIVELLE MOTRICE

(Echelle 0,1)

(Travaillé partout)

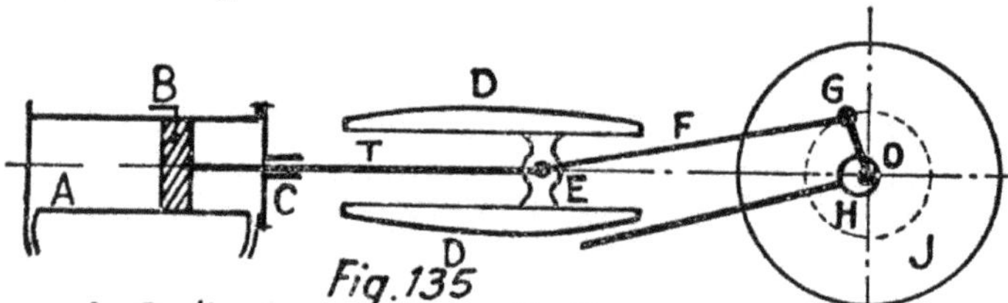

A Cylindre
B Piston
C Presse-étoupes
T Tige du piston
D Glissières
E Crosse
F Bielle
G Manivelle
H Excentrique
J Volant

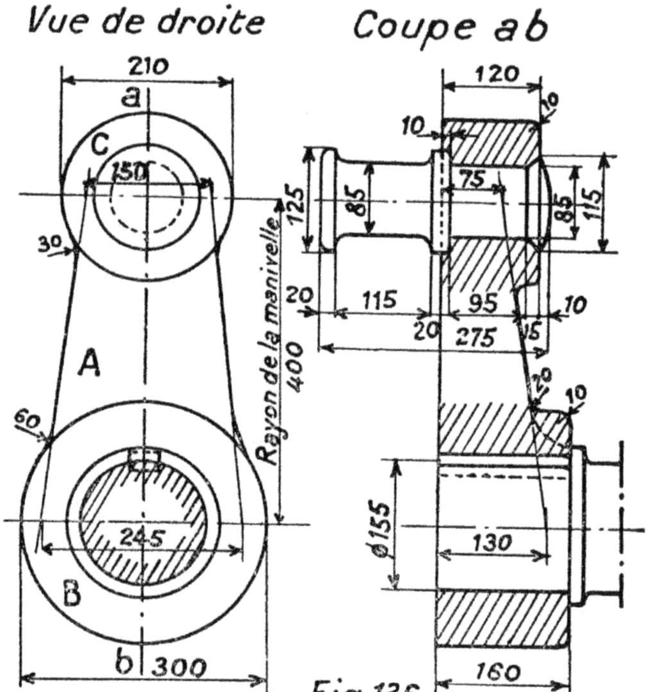

Fig. 135

Vue de droite

Coupe ab

Rayon de la manivelle 400

Fig. 136

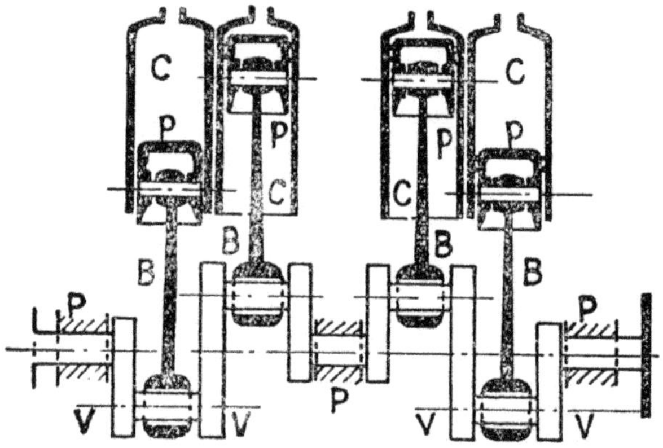

Fig. 137

VILEBREQUIN

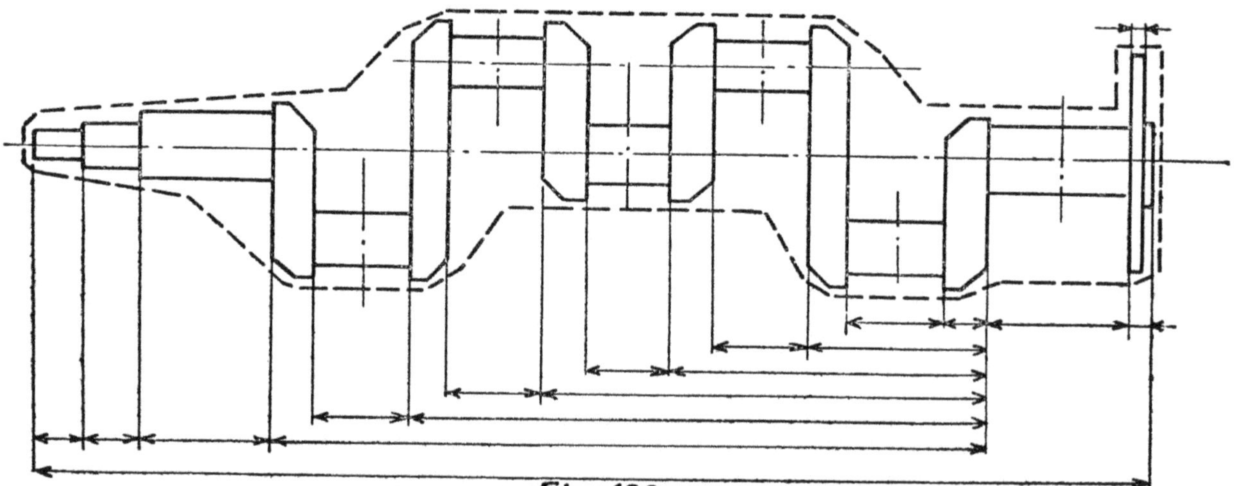

Fig. 138

Planche 15

MANIVELLE ET ARBRE COUDÉ

85. **Système bielle-manivelle.** — *Le système bielle-manivelle* (fig. 135), transforme le mouvement alternatif du piston B en mouvement circulaire continu de l'arbre O.

86. **Description d'une manivelle.** — Une *manivelle motrice* (figure 136) se compose d'un *corps* A, d'un *moyeu* B, calé sur l'arbre de rotation, et d'un *œil* C qui reçoit le *maneton* D. A ce dernier est articulée la *tête de bielle* (voir pl. 26).

87. **Arbre coudé.** — Lorsque l'arbre moteur doit recevoir plusieurs bielles, il porte un coude pour chacune d'elles. On le nomme généralement *vilebrequin.*

La figure 137 représente le mécanisme d'une automobile, à quatre manetons.

La figure 138 montre qu'au lieu de porter les cotes bout à bout, on les rapporte à un plan de référence.

88. Nota. — Le contour en éléments de la figure 138 montre la forme de la masse d'acier, dégrossie à la forge et usinée ensuite à la perceuse et au tour.

Dans la fabrication en série, on opère aussi par cintrage et matriçage de barres d'acier.

On fait également des vilebrequins en acier moulé.

89. Exercices proposés. — Les élèves feront successivement d'après nature :

1° le croquis coté d'une **manivelle à main;**

2° — d'une **manivelle motrice** (fig. 136);

3° — d'un **vilebrequin d'automobile** (fig. 138).

90. **Dessin.** — Le dessin, en grandeur d'exécution, de l'un des croquis suffira.

CROCHET DE CHAINE DE SURETE POUR ATTELAGE DE WAGONS

▽ façonné partout

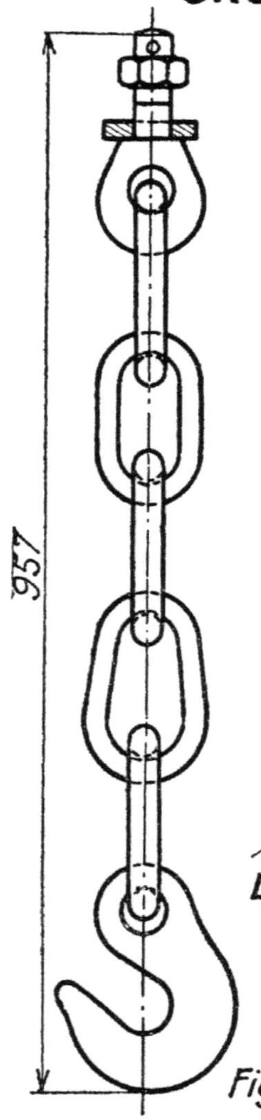

Elévation

Vue de gauche

B

(Echelle 1/2)

C

D

A

Fig. 140

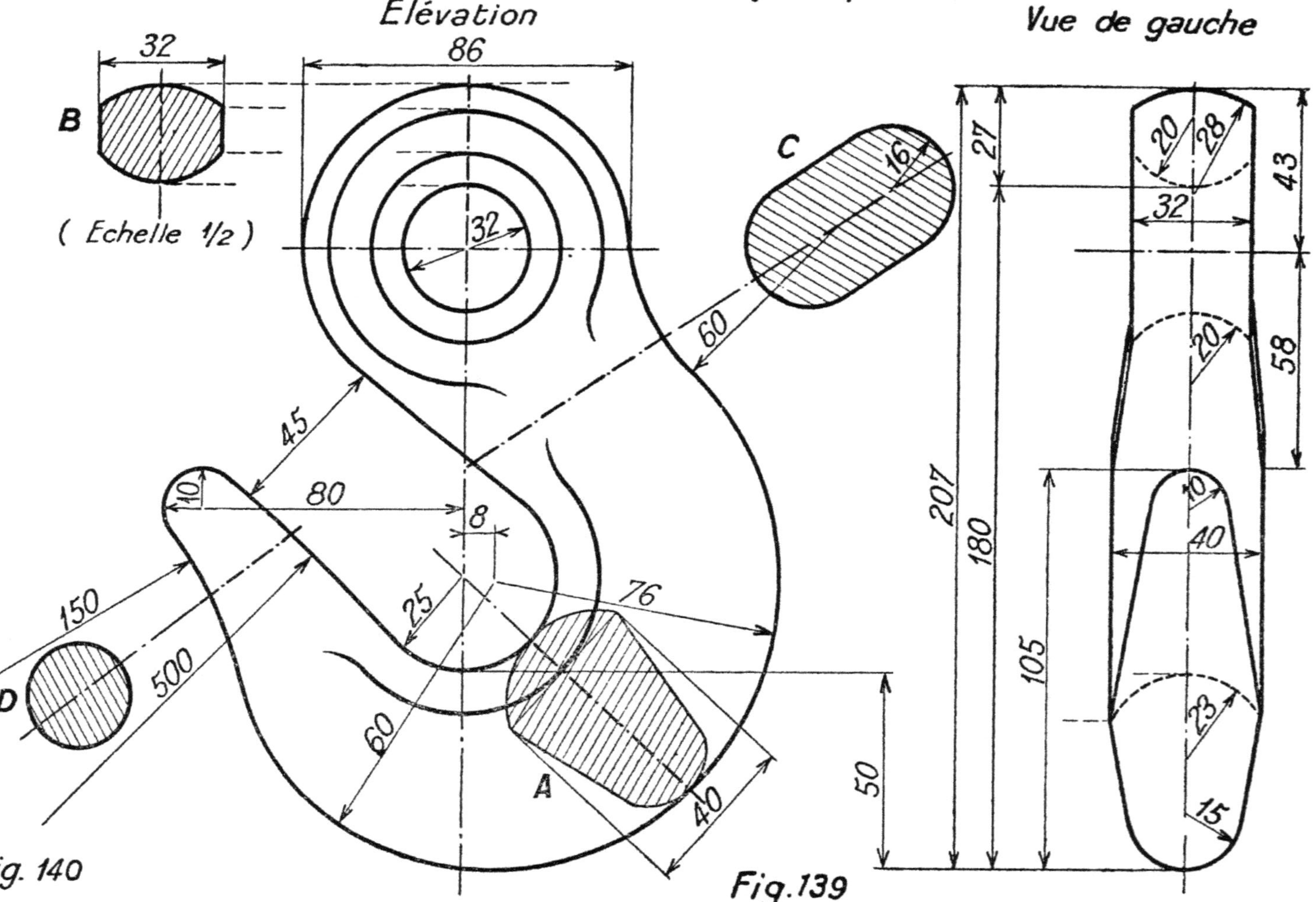

Fig. 139

Planche 16

CROCHET D'ATTELAGE

91. Le crochet de la pl. 16 fait partie de la chaîne de sûreté pour attelage de wagons, dont le schéma est représenté par la figure 140, à l'échelle $\frac{1}{8}$.

Ce modèle est intéressant et constitue un bon exercice de raccordements et de coupes-sections : la coupe rabattue A et les coupes sorties B, C et D.

Nous engageons les apprentis à chercher la justification des formes diverses de ces sections au point de vue de la résistance du crochet.

AUTRES CROQUIS PROPOSÉS POUR LA PREMIÈRE ANNÉE

Tranche, chasse à parer ou dégorgeoir, compas à pointes, marteau, chapes, clefs à écrous en une pièce, manivelles à main, etc.

INDICATIONS RELATIVES A L'USINAGE DES PIÈCES FORGÉES

92. Lorsqu'une pièce forgée doit être complètement retouchée à l'atelier d'ajustage, on ajoute au dessin cette notation écrite : *Travaillé partout* (pl. 15, 16...) Il appartient à l'ouvrier forgeron de déduire les dimensions de la pièce forgée de celles qui sont inscrites au dessin et qui sont les dimensions définitives après usinage.

Mais, si quelques-unes seulement des parties de la pièce doivent être usinées, on trace, à 1 mm des faces à travailler, soit un trait rouge plein, soit un trait noir pointilé ou mixte.

Pour éviter la lourdeur produite par ce double trait, il suffit de placer la lettre *f* ou un triangle le long des faces à usiner (pl. 22), ou bien d'accompagner ces dernières d'une des notations écrites suivantes : *dressé*, *tourné*, etc.

Dans le cas où une pièce forgée doit être directement utilisée, le forgeron doit lui donner sa forme définitive; son dessin porte alors cette indication : *brut de forge.*

Un code de notations abrégées a été rédigé par le Comité de Normalisation de la Mécanique (*voir page 63*).

93. Dans le cas d'une pièce estampée (pl. 28), le dessin d'estampage fait voir en gros trait le contour tel qu'il vient d'estampage, et en trait fin le contour de la pièce finie d'usinage.

HÉLICE CYLINDRIQUE

Elévation — *Développement du cylindre et transformée de l'hélice*

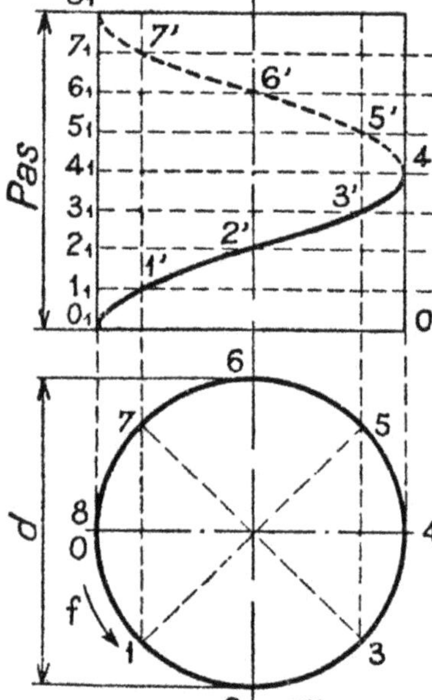

Fig. 142

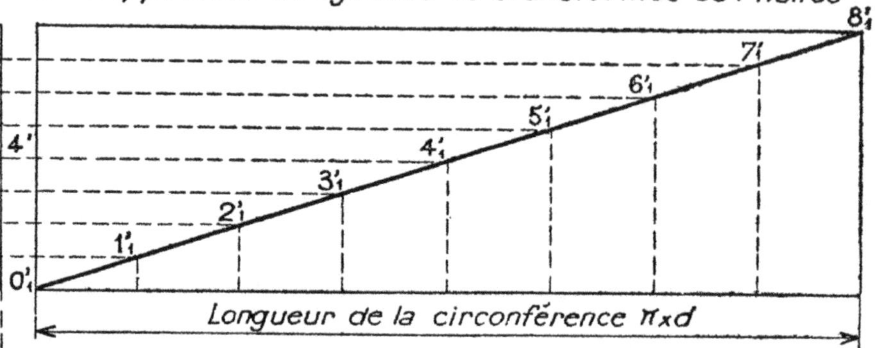

Fig. 143

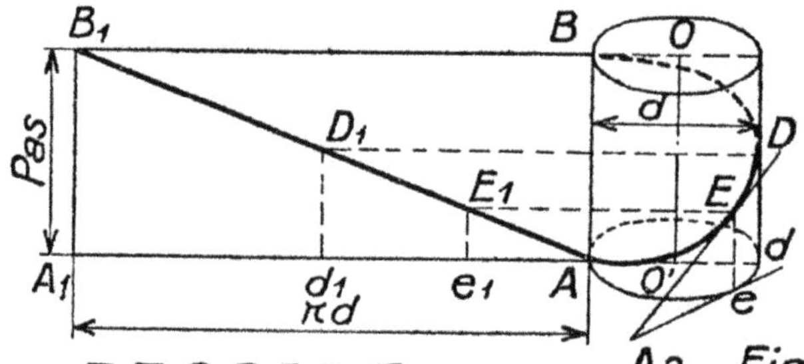

Fig. 141

RESSORT

Tracé théorique — *Elévation* — *Coupe*

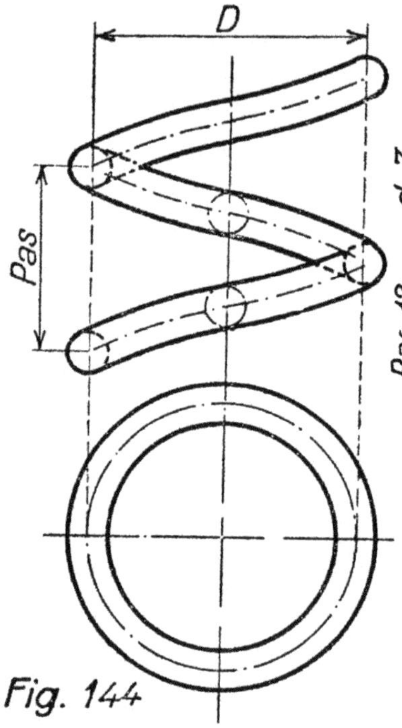

Fig. 144

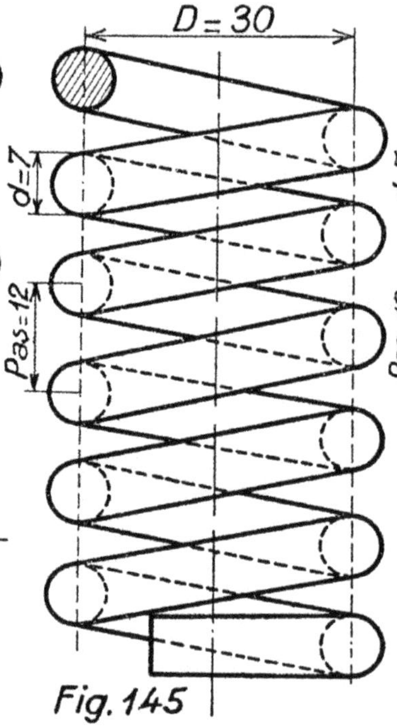

Fig. 145

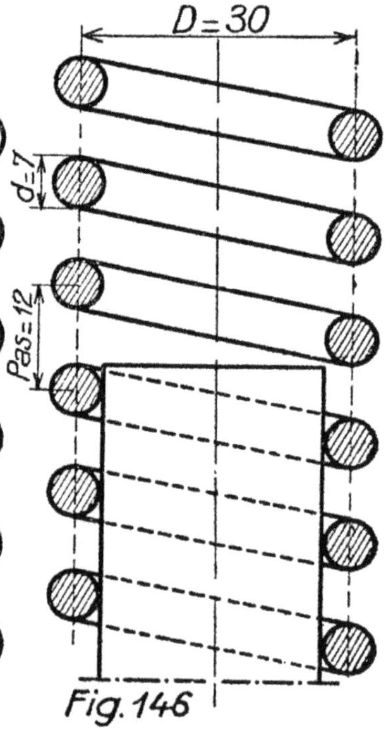

Fig. 146

DEUXIÈME ET TROISIÈME ANNÉES

CHAPITRE IV

Les notions théoriques de ce chapitre sont destinées à éclairer l'exécution des croquis cotés d'après nature et les exercices de lecture dont nous donnons quelques exemples.

HÉLICE CYLINDRIQUE

Planche 17

94. 1re Définition. — ***On appelle hélice cylindrique la courbe engendrée sur un cylindre circulaire droit par une droite située dans un plan qu'on enroule sur le cylindre.***

Ainsi la diagonale AB_1 (fig. 141) du rcetangle AA_1B_1B, qui est le développement du cylindre OO', forme sur ce cylindre l'hélice ADB quand on enroule le rectangle sur le cylindre.

La hauteur AB est le *pas* de l'hélice et la portion d'hélice ADB est une *spire*. L'hélice est dite *à droite* lorsque sa partie vue AD monte de gauche à droite comme dans les fig. 141 et 142; elle est *à gauche* dans le cas contraire.

2e Définition. — ***L'hélice cylindrique est la courbe engendrée sur un cylindre circulaire droit animé d'un mouvement de rotation uniforme, par un point animé d'un mouvement rectiligne uniforme suivant une trajectoire parallèle à l'axe du cylindre.***

Cette composition de deux mouvements permet l'exécution des filets de vis sur le tour à fileter.

3e Définition. — Quand on visse un écrou, on constate qu'à chaque tour il avance d'un pas; on peut faire la même constatation dans le mouvement d'un taraud et d'une filière (filetage à la main); d'où la nouvelle définition :

L'hélice cylindrique est la courbe engendrée sur un cylindre circulaire droit par un point qui tourne et avance en même temps de façon que les déplacements rectilignes soient proportionnels aux déplacements circulaires.

95. **Tracé et développement.** — On divise la projection horizontale du cylindre et le pas de l'hélice (*fig.* 143) en un même nombre de parties égales.

Par le point de division 1 de la circonférence, on mène la ligne de rappel. Cette ligne coupe la parallèle menée à la base par le point 1_1 de la projection verticale en un point 1' qui est un point de la projection verticale de l'hélice. On opère de même pour les autres points. Et on joint les points o, 1', 2'... ainsi obtenus.

La fig. 144 donne le développement du cylindre et la transformée o'_1-$8'_1$ de l'hélice.

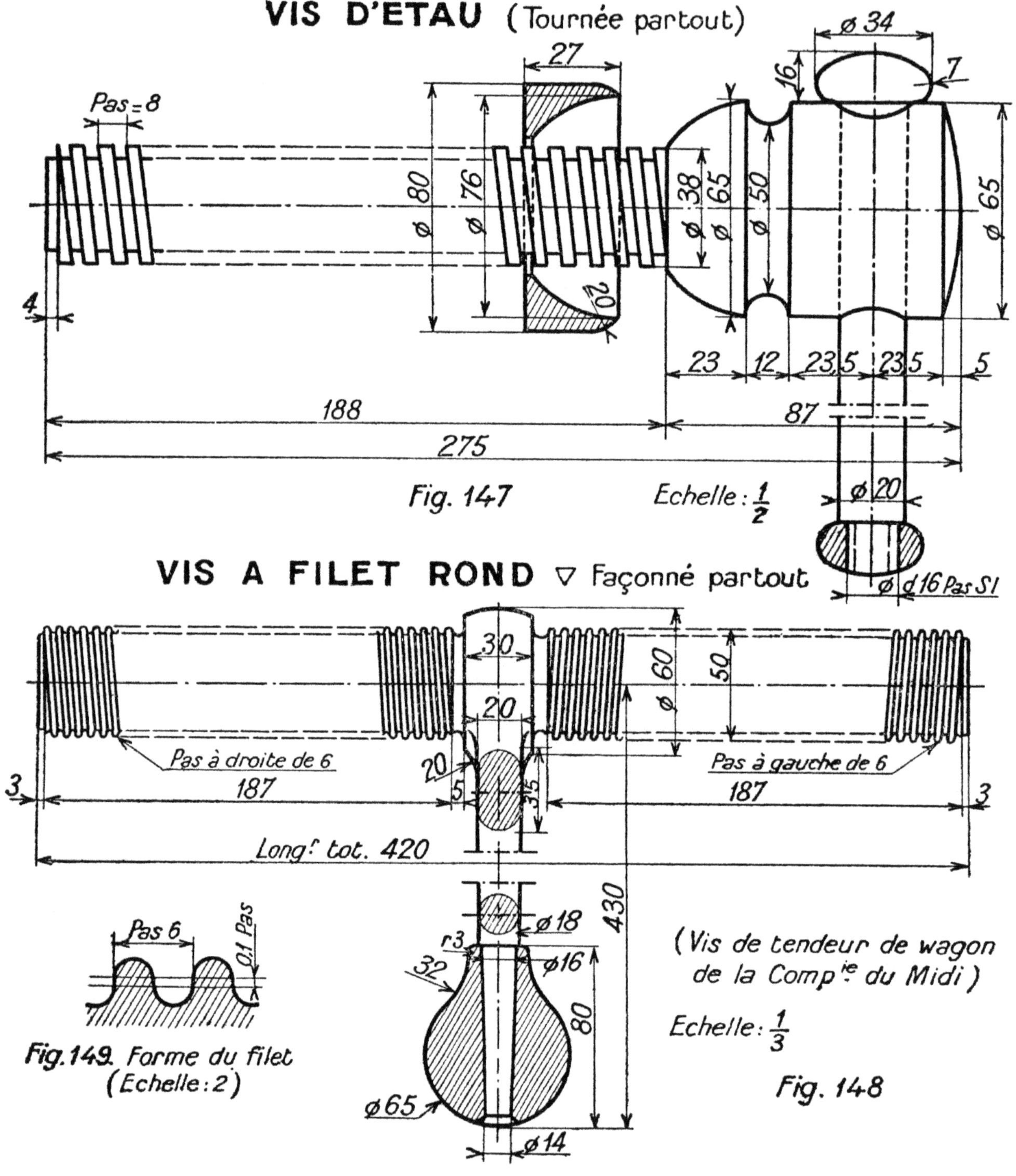

Fig. 147

Fig. 148

Fig. 149. Forme du filet (Echelle : 2)

PLANCHE 17 (*suite*) ET PLANCHE 18

VOLUMES HÉLICOIDAUX

96. **Ressort.** — Lorsqu'une figure plane se déplace de façon que chacun de ses points décrive une hélice cylindrique, elle engendre un **volume hélicoïdal.**

Ainsi, un cercle engendre un *ressort* (fig. 144). Dans la représentation pratique (fig. 145), on remplace les hélices par des droites.

La fig. 146 montre un ressort coupé par un plan vertical passant par son axe. La partie en avant étant enlevée, on voit seulement les moitiés de spires en arrière; (*on remarquera que, dans le ressort à droite, ces dernières montent vers la gauche*).

97. **Vis.** — Un *filet triangulaire* est engendré par un triangle équilatéral; un *filet carré*, par un carré; un *filet rond*, par un demi-cercle.

Les figures 147 et 148 montrent comment on représente pratiquement les vis à filet carré et les vis à filet rond; les hélices sont remplacées par des droites.

Pour les vis triangulaires, on supprime le profil des filets (fig. 151, *élévation*) et les filets eux-mêmes (fig. 152).

98. **Croquis coté.** — 1° La figure 147 représente une **vis d'étau à pied** ordinaire.

2° La *vis à filet rond* (fig. 148) a été détachée du dessin d'ensemble du **tendeur à wagon** (pl. 21).

99. Exercices proposés. — 1° Croquis coté d'une **vis d'étau à pied** en place dans sa boîte; celle-ci sera coupée longitudinalement.

2° Tracé en grandeur d'exécution de la tête de la vis.

DESSIN DE MÉMOIRE

100. Les exercices de *dessins de mémoire* consistent surtout dans l'exécution du croquis d'organes qui n'ont été observés que quelques minutes.

1° *Le modèle sera d'abord en une pièce simple.* Il sera montré aux apprentis par le professeur qui en expliquera le rôle et en justifiera la forme; après cinq minutes d'observation environ, les élèves exécuteront, dans un temps limité, le croquis de l'organe vu.

La correction sera d'abord individuelle et accompagnée d'une note chiffrée, puis collective, au tableau noir.

2° *Progressivement, les modèles seront plus complexes.* Lorsqu'ils seront formés de plusieurs pièces, les élèves devront les examiner individuellement pendant quelques instants.

De pareils exercices de mémoire développent le jugement, la sûreté et la rapidité d'observation des apprentis.

BOULONS ET VIS

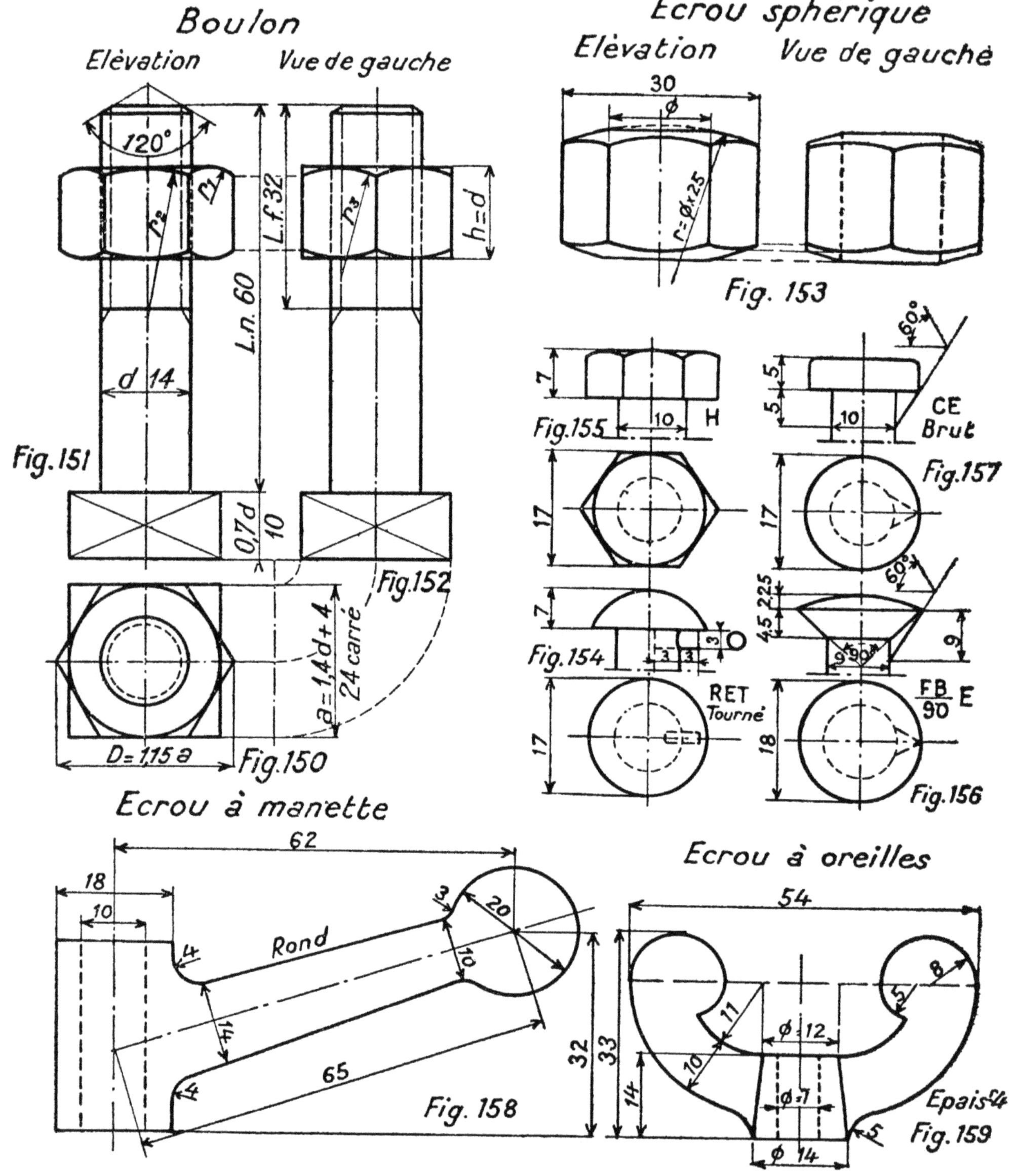

Planche 19

101. **Boulon normal à tête carrée et écrou normal.** — Dans les boulons, ont été normalisés :

1° Le diamètre *d* de la partie filetée, égal au *diamètre nominal* SI;

2° La longueur normale (L. n.) du boulon (norme C.N.M., 18);

3° La longueur filetée (C. N. M., 18);

4° La hauteur *h* de l'écrou, égale au diamètre nominal;

5° La *largeur sur plat*, ouverture de la clef *a*, légèrement inférieure à $d \times 1{,}732$;

6° La hauteur de la tête non fraisée, égale à $d \times 0{,}7$.

Représentation approchée de l'écrou. — Inscrire l'hexagone dans la circonférence de diamètre $D = 2d$. En déduire l'élévation et la vue de côté.

102. **Ecrou sphérique** (fig. 153). — Le tracé ne diffère du précédent que par la forme arorndie des deux bases. (On peut prendre pour rayon de la sphère 2 fois et demie le diamètre de boulon). Cet écrou n'est employé que dans les travaux soignés.

103. **Autres têtes de boulons.** — 1° Pour les *têtes* de boulons et les *écrous hexagonaux* (symbole H), l'ouverture *a* des clefs (ou distance de deux pans, ou encore diamètre de la circonférence inscrite) est déterminée à l'aide des formules suivantes établies par la Commission de standardisation et adoptée par le Comité de normalisation :

pour les diamètres de 25 à 55, $a = 1{,}4\,d + 1$ (série de petite mécanique)
— — *6 et 7,* $\{a = 1{,}4\,d + 3$ (série de raccordement).
— — *8 à 10,* $a = 1{,}4\,d + 2$
— — *11* et au-dessus. $a = 1{,}4\,d + 4$ (série SI).

2° Les *écrous carrés* symbole Q ont les mêmes ouvertures de clef que les écrous à 6 pans.

3° Pour les *têtes hexagonales* et les *têtes carrées* sur fer, la hauteur est les $\frac{7}{10}$ du diamètre (résultats arrondis).

4° Pour les *têtes cylindriques* (C), le diamètre est égal à louverture de clef des têtes à 6 pans et la hauteur, à la moitié du diamètre du boulon (fig. 155).

5° Pour les *têtes rondes* ou demi-sphériques (R), le diamètre correspond à $d \times 1{,}7$ (*d* étant le diamètre du boulon); la hauteur correspond à $d \times 0{,}7$ (fig. 154).

6° Pour les *têtes fraisées*, l'angle de fraisure est de 90° $\left(\frac{E}{90}\right)$; la hauteur de la fraisure est la moitié du diamètre. Un bombé peut y être ajouté $\left(\frac{FB}{90}\right)$ (fig. 156).

Dans les boulons bruts, l'*ergot* vient de forge (fig. 155 et 157); dans les boulons tournés, il est rapporté, cylindrique et emmanché de force (fig. 156).

104. **Ecrous spéciaux.** — Citons : l'écrou à poignée ou à *manette* (fig. 158); les écrous à oreilles (fig. 159 et pl. 23). (*Tous ces organes peuvent faire l'objet d'intéressants croquis cotés*).

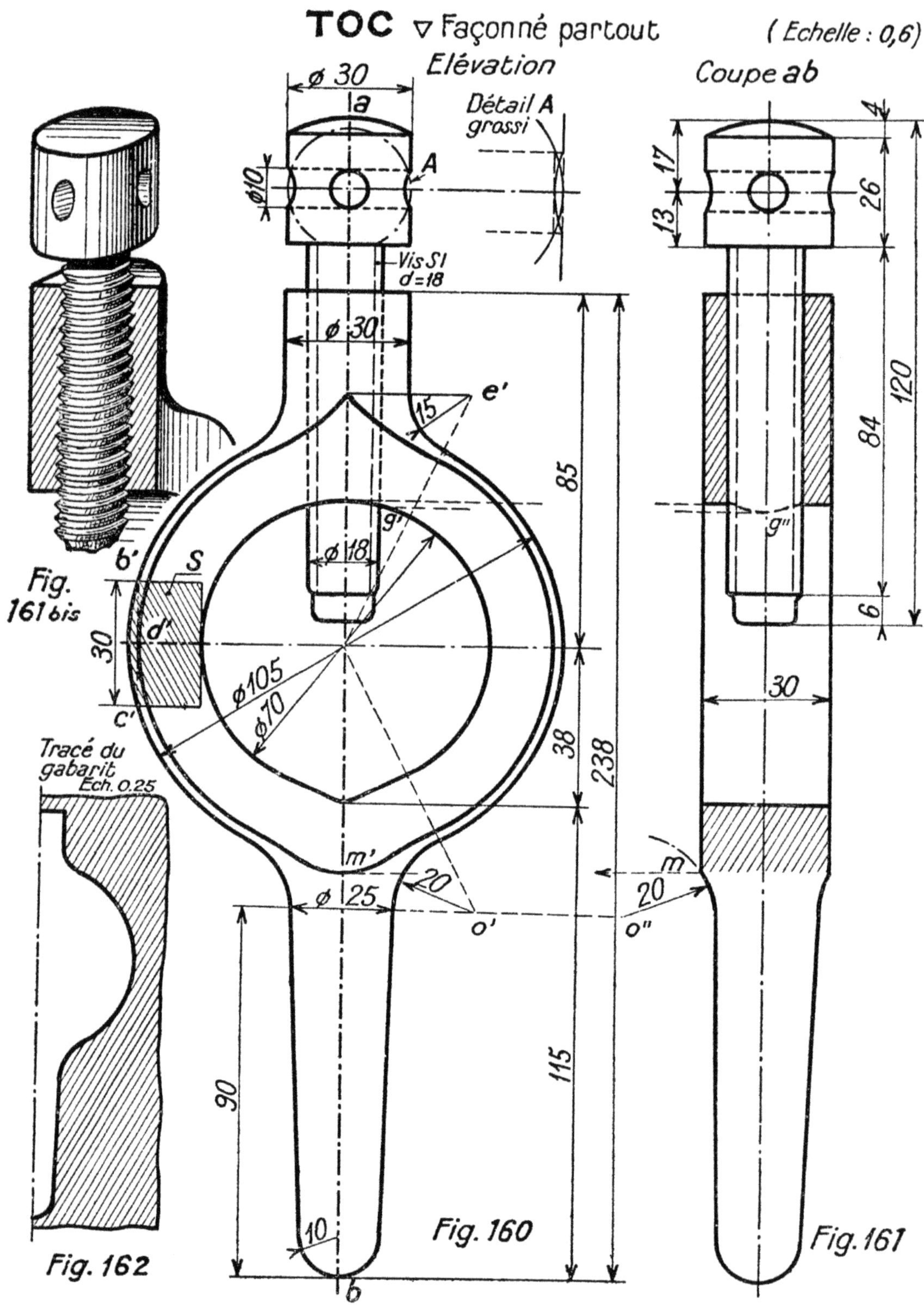

Fig. 161 bis

Fig. 162

Fig. 160

Fig. 161

Planche 20

TOC

105. **Croquis coté.** — Bien que l'entraînement par *toc* soit de moins en moins employé dans les tours modernes, le croquis de cet organe est des plus intéressants.
On suivra l'ordre d'exécution suivant :

I. Corps. — 1° Tracer les axes et le contour (fig. 160). (Application des raccordements).

2° Tracer le contour du profil (fig. 161). On remarquera que le centre O′ est à la même hauteur et à la même distance de l'axe que le centre O.

3° Représenter la coupe horizontale S rabattue sur place : la distance des deux faces de front est égale à l'épaisseur 30, à relever dans le profil. En joignant *b′ c′*, on obtient le point *a′* sur l'axe.

4° Par ce point *a′* faire passer la circonférence concentrique du contour. Elle se raccorde, en haut, à deux courbes qui se coupent à la hauteur du centre *e′* de l'arc de raccordement. Cette même circonférence se termine en bas par une courbe dont le point le plus bas *m′* se déduit du profil *m*.

II. Vis de pression. — 1° La vis est représentée en élévation et dans la coupe profil *ab* comme l'indique la perspective auxiliaire de la fig. 161 *bis*.

2° Etudier et dessiner avec soin les intersections des trous cylindriques avec la tête (Détail A), ainsi que celle du logement de la vis avec la cage du corps.

106. **Gabarit.** — Le *gabarit* du contour extérieur, nécessaire pour l'exécution du corps, sera fait en *grandeur d'exécution.*

Il a été dessiné (fig. 162), à l'échelle de 0,25 m par mètre, $\left(\text{ou échelle } \frac{1}{4}\right)$.

NOTA. — Pour faciliter les explications qui précèdent, nous avons employé les lettres S, *a′*, *b′*, *c′*, *e′*,... Il est évident qu'elles n'ont aucune raison d'être sur les croquis cotés que feront les élèves.

EXERCICE PROPOSÉ. — Croquis coté des pièces détachées d'un **toc à coussinets**; le croquis coté devra être accompagné de la perspective cavalière du corps et des coussinets.

DESSIN D'IMAGINATION

Dans le but de développer l'esprit d'initiative et les facultés créatrices des futurs ouvriers, il est utile de leur proposer, de temps en temps, quelques exercices d'imagination.
Nous en donnons un exemple au bas de la planche 22 (2°).

TENDEUR DE WAGON (*Travaillé partout*)

Echelle : 0,2

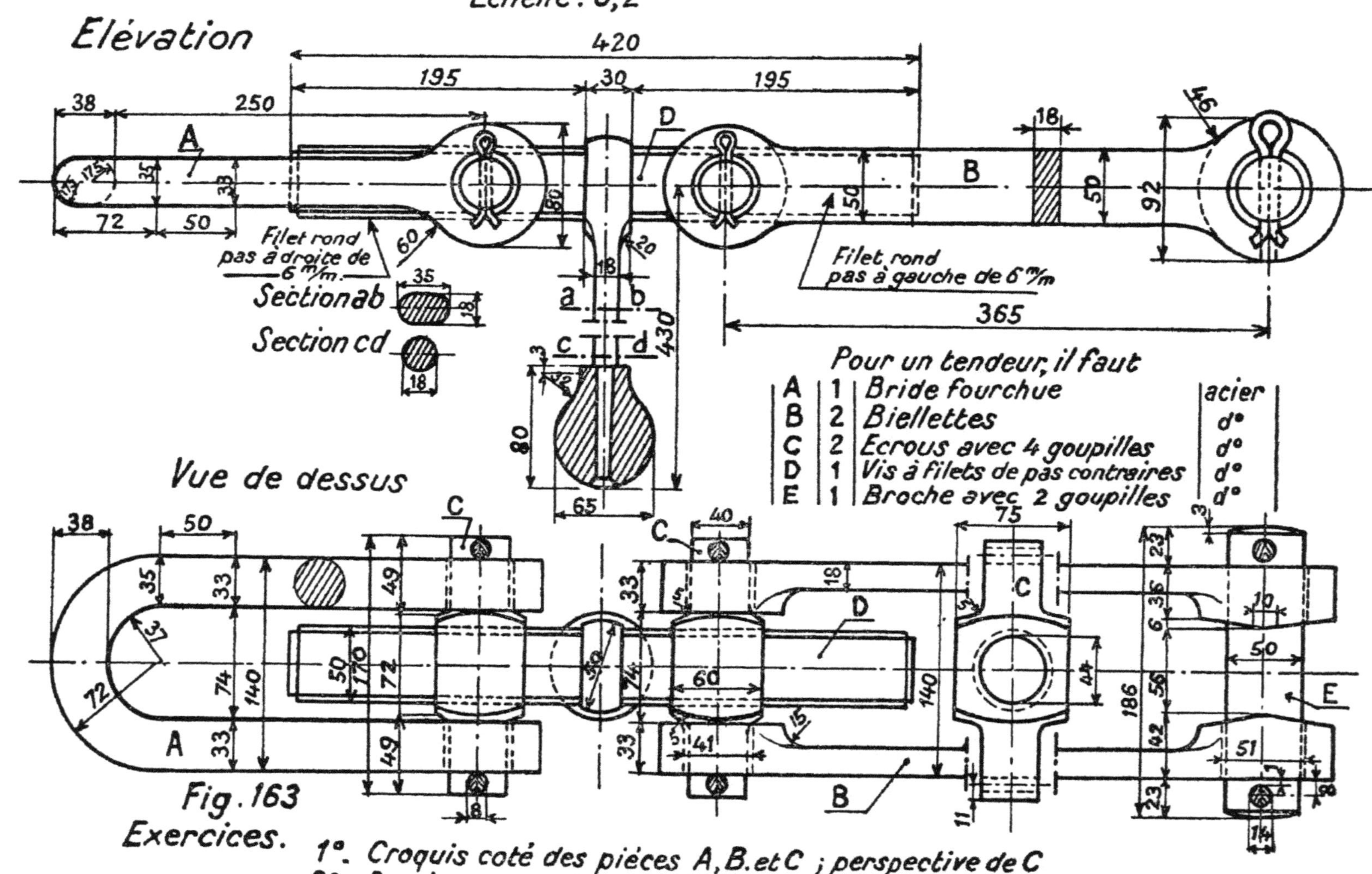

Fig. 163

Exercices. 1°. Croquis coté des pièces A, B et C ; perspective de C
2°. Dessin, en grandeur d'exécution, de A et de B.

Nota. Les cotes complètes de la vis se trouvent à la planche 19 où elle est représentée seule.

LECTURE DU DESSIN INDUSTRIEL

107. **Utilité.** — En deuxième et troisième années, les croquis cotés d'après nature seront accompagnés d'exercices de lecture gradués, bien entendu, par ordre de difficulté croissante.

1° *D'après le dessin coté d'un organe, exécuter une vue différente de celles qu'il comprend,*

2° *isoler une pièce d'un dessin d'organe monté pour en faire le croquis coté et la perspective cavalière,*

3° *dessiner l'ensemble d'un organe d'après le croquis de ses diverses pièces constitutives,*
sont d'excellents exercices qui habitueront l'apprenti forgeron à détacher d'un ensemble le croquis coté d'une pièce à forger.

108. **Nature des exercices de lecture.** — Il est bon que les premiers exercices de lecture soient faits d'après des tableaux muraux de 1 m à 1,50 de hauteur, exécutés par le professeur ou sous sa direction, d'après des organes qu'il lui sera possible de montrer aux élèves au moment de la correction.

A titre d'exemples, nous proposons quelques exercices dans les planches 22 à 27. Mais il appartient au professeur de les multiplier d'après des *bleus* qu'il trouvera facilement auprès des industriels de la ville ou de la région.

Autant que possible, l'organe dont le dessin fait l'objet de la lecture doit appartenir au même groupe que celui dont l'apprenti vient de relever le croquis coté. Ainsi le croquis d'une *poulie de levage* sera suivi de la lecture du dessin d'un autre modèle de poulie, ou d'un assemblage de poulies (*moufle*).

Planche 21

TENDEUR DE WAGON

109. **Description.** — Un tendeur de wagon comprend :

1° une *bride* A sur laquelle est fixé un écrou C;

2° deux biellettes A réunies à l'une des extrémités par un deuxième écrou C identique au premier et à l'autre par une *broche* E;

3° une vis de rappel D, à filet rond et de pas contraires, détachée pl. 18.

Nota. — La planche 28 représente la matrice d'exécution des bielles B.

110. Exercice proposé. — Croquis coté des pièces à forger d'un tendeur de wagon. Dans le cas où un tendeur ne pourrait pas être mis à la disposition des apprentis, on remplacera le croquis coté précédent par les exercices du bas de la pl. 21.

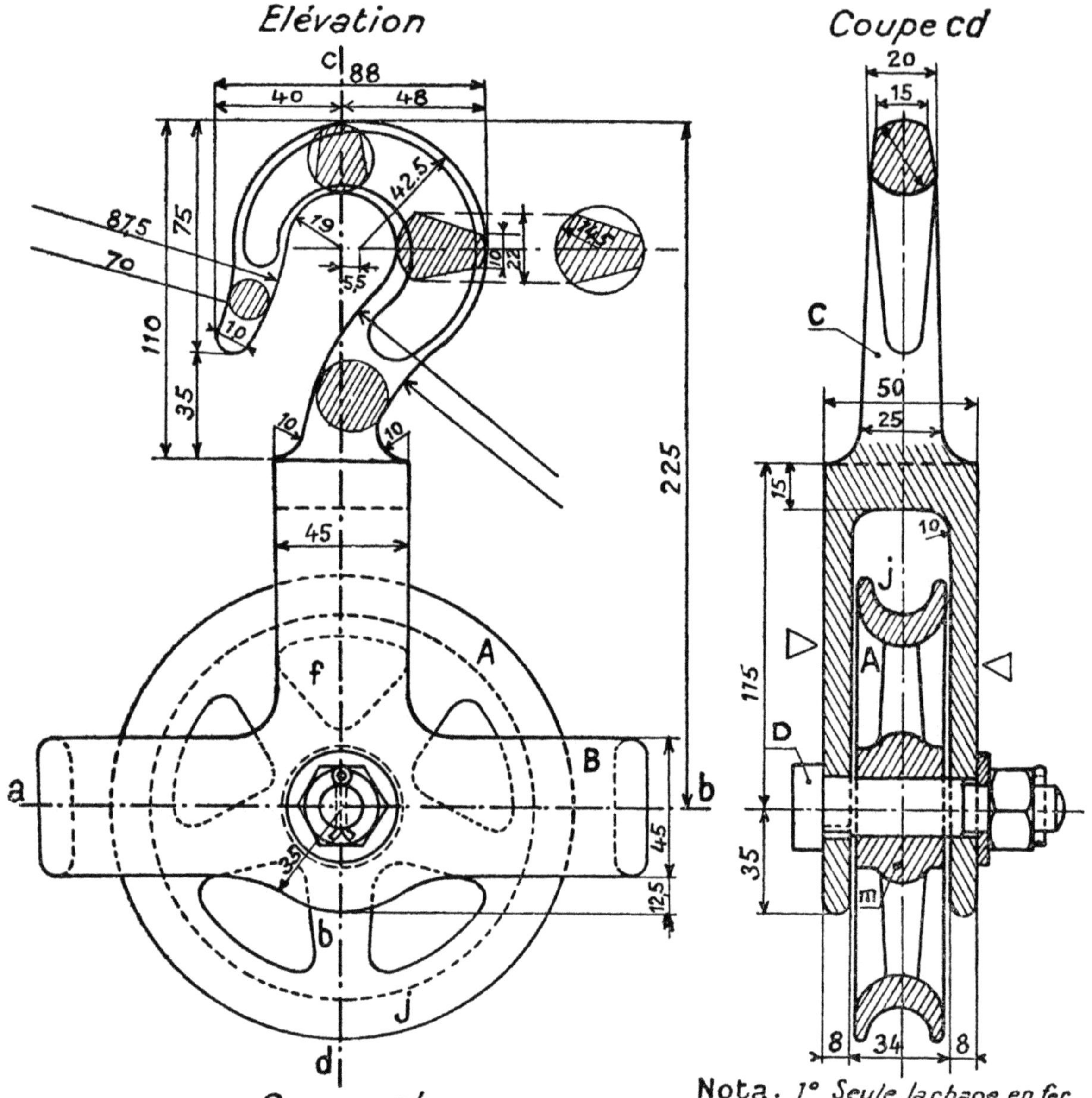

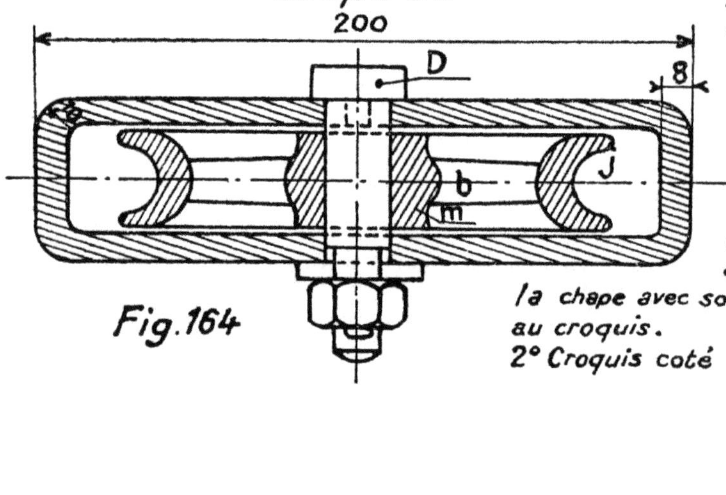

Elévation

Coupe cd

Coupe ab

Fig.164

Nota. 1° Seule, la chape, en fer forgé, a été cotée ; le signe ▽ indique les deux faces à dresser

POULIE MOBILE

(Ech: 0,4)

Exercices : 1° Croquis coté et dessin en grandeur d'exécution, de la chape avec son crochet ; ajouter la perspective au croquis.

2° Croquis coté d'un crochet amovible, en place

Planche 22

POULIE MOBILE

111. **Description.** — Une *chape* B, en fer forgé, supporte un *axe* D autour duquel tourne la *poulie* en fonte A.

La chape est elle-même maintenue par l'intermédiaire du *crochet* C. La *jante j* de la poulie est munie d'une *gorge* pour recevoir le câble.

Des *bras b*, droits ou courbes, relient la jante au *moyeu b*. Ces bras sont quelquefois remplacés par un panneau plein ou évidé appelé *toile.*

NOTA. — Les deux cotes omises dans l'élévation du crochet sont, de haut en bas, 85 et 66 mm.

112. — REMARQUES. — 1° Dans le modèle ci-contre, le crochet est venu de forge avec la chape. Dans certains cas, il est formé séparément, puis rivé à la tête de la chape, ou assemblé à cette dernière par un écrou muni d'une goupille de sûreté (*goupille fendue*). Enfin, les crochets d'appareils de levage modernes, tels que les grues, sont *montés sur billes.*

2° Les quatre régions du crochet ont des sections différentes correspondant aux efforts divers qu'elles doivent supporter et au rôle à remplir. (Voir ci-dessous l'exercice 1).

113. **Croquis coté.** — Le croquis comprend l'élévation, la coupe-plan et la coupe-profil.

Par convention, *on ne coupe jamais les bras en long.* C'est ainsi que le bras vertical n'est pas hachuré dans la coupe suivant *cd.*

La même convention s'applique aux bras courbes.

114. EXERCICES PROPOSÉS. — 1. Justifier les formes différentes des sections du crochet.

2. Croquis coté des pièces détachées et du montage d'une poulie de levage avec crochet amovible.

3. Exercice de lecture et d'invention (Voir au bas de la pl. 22). Le dispositif rendant le crochet amovible sera imaginé par les apprentis.

4. Croquis coté des pièces en fer forgé qui entrent dans la constitution d'une moufle.

5. Croquis coté et tracé (grandeur d'exécution) d'un crochet de grue monté sur roulement à billes.

EPREUVE DU C.A.P.: Poulie mobile (Felletin, 1946).

ETAU A MAIN (Travaillé partout).
Elévation
Profil
A
B
D
F
H
G
C
a
b
Coupe ab
DESCRIPTION
A 1 Mors fixe fer
B 1 Mors mobile d°
C 1 Axe d'articula^ion d°
D 1 Boulon d°
E 1 Rondelle d°
F 1 Ecrou à oreilles d°
G 1 Ressort d°
H 1 Vis le fixant d°
Exercices
1° Croquis coté des pièces A, B, D, F séparées et perspective des deux parties de l'articulation
2° Mise au net de A et de F

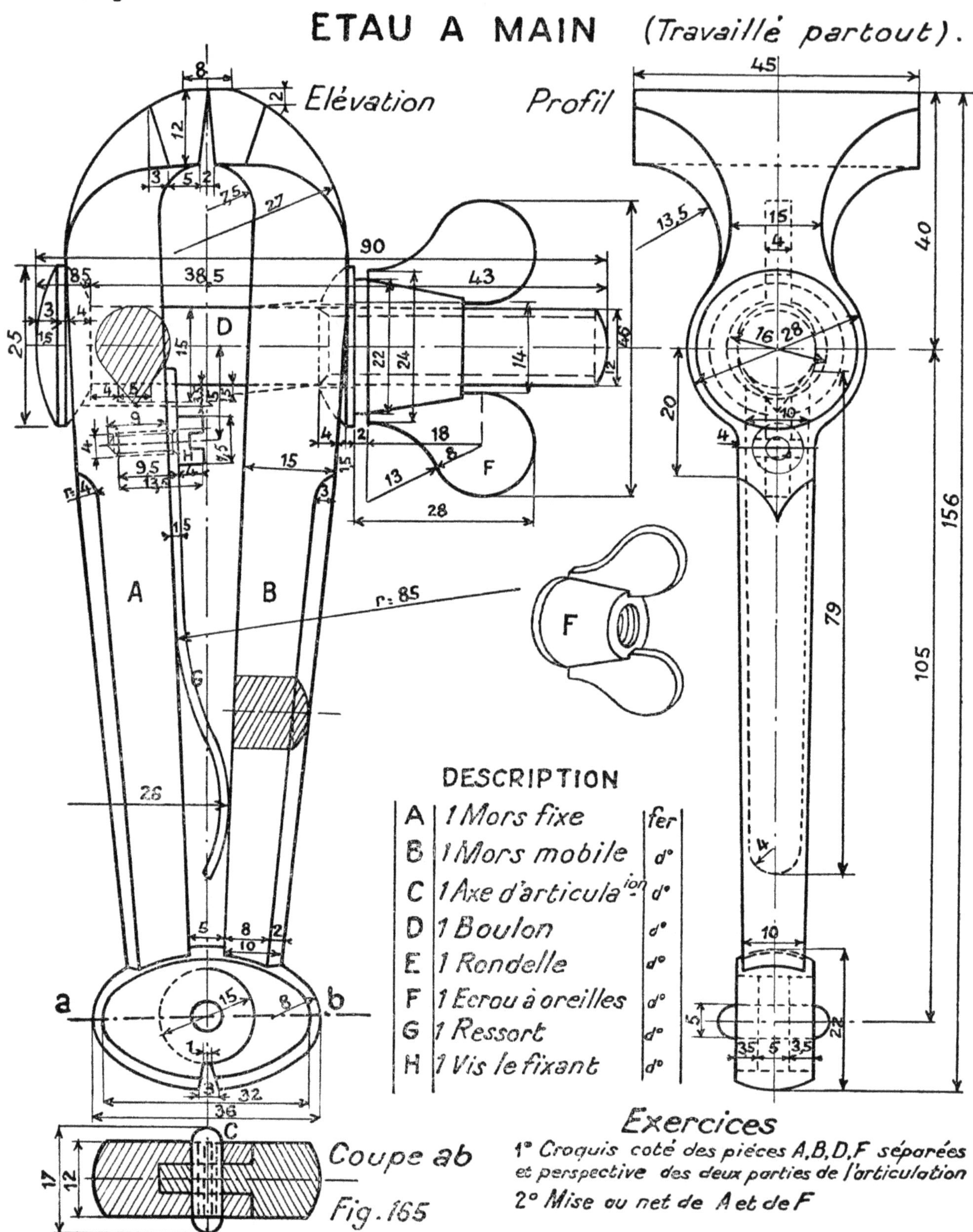

Fig. 165

Planches 23 et 24

ÉTAUX

115. **Planche 23. — Etau à main.** — Il sert à tenir les petites pièces qu'on maintiendrait difficilement entre les doigts pour les limer: les goupilles, par exemple.

Deux branches articulées A et B se rapprochent à l'aide d'un *boulon* D muni d'un *écrou à oreilles* F et s'éloignent sous l'action du *ressort* G. Pour que la pression de l'écrou se transmette convenablement, quel que soit l'écartement des deux mors, la tête du boulon et la rondelle E sont *à rotule*, c'est-à-dire de forme sphérique. De cette façon elles coïncident dans toutes les positions.

116. **Planche 24. — Etau à mors parallèles.** — Les deux branches des étaux à pied et à main étant articulées, les deux faces taillées de leurs mors ne sont parallèles que dans une seule position; il en résulte un serrage insuffisant des pièces dans les autres positions.

Dans un étau à mors parallèles, au contraire, ces deux faces restent constamment parallèles; le blocage des pièces est ainsi assuré.

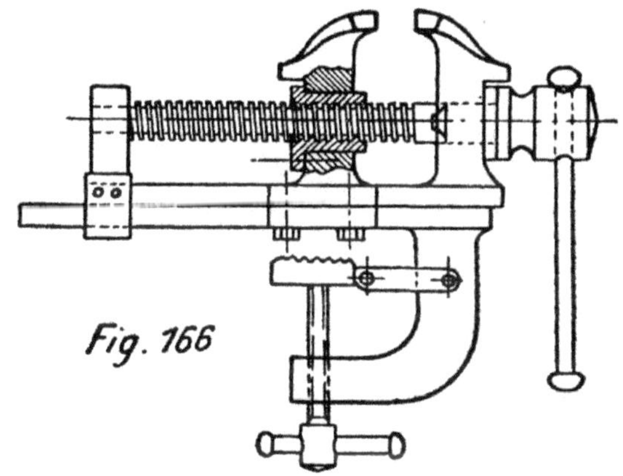

Fig. 166

117. **Description.** — Un étau à mors parallèles comprend essentiellement: *un mors fixe, un mors mobile* et *une vis;* la rotation de la vis provoque le déplacement rectiligne du mors mobile. Les dispositifs employés pour obtenir cette constitution sont nombreux.

Le schéma (fig. 166) suffira pour indiquer la position et le fonctionnement des deux pièces qui composent le modèle de la pl. 24.

118. Exercices proposés. — 1° Tracé rigoureux, en grandeur d'exécution, des pièces A et C; 2° Perspective cavalière de A et B.

Planche 25

119. **Collier** (C.A.P. Montpellier, 1946).

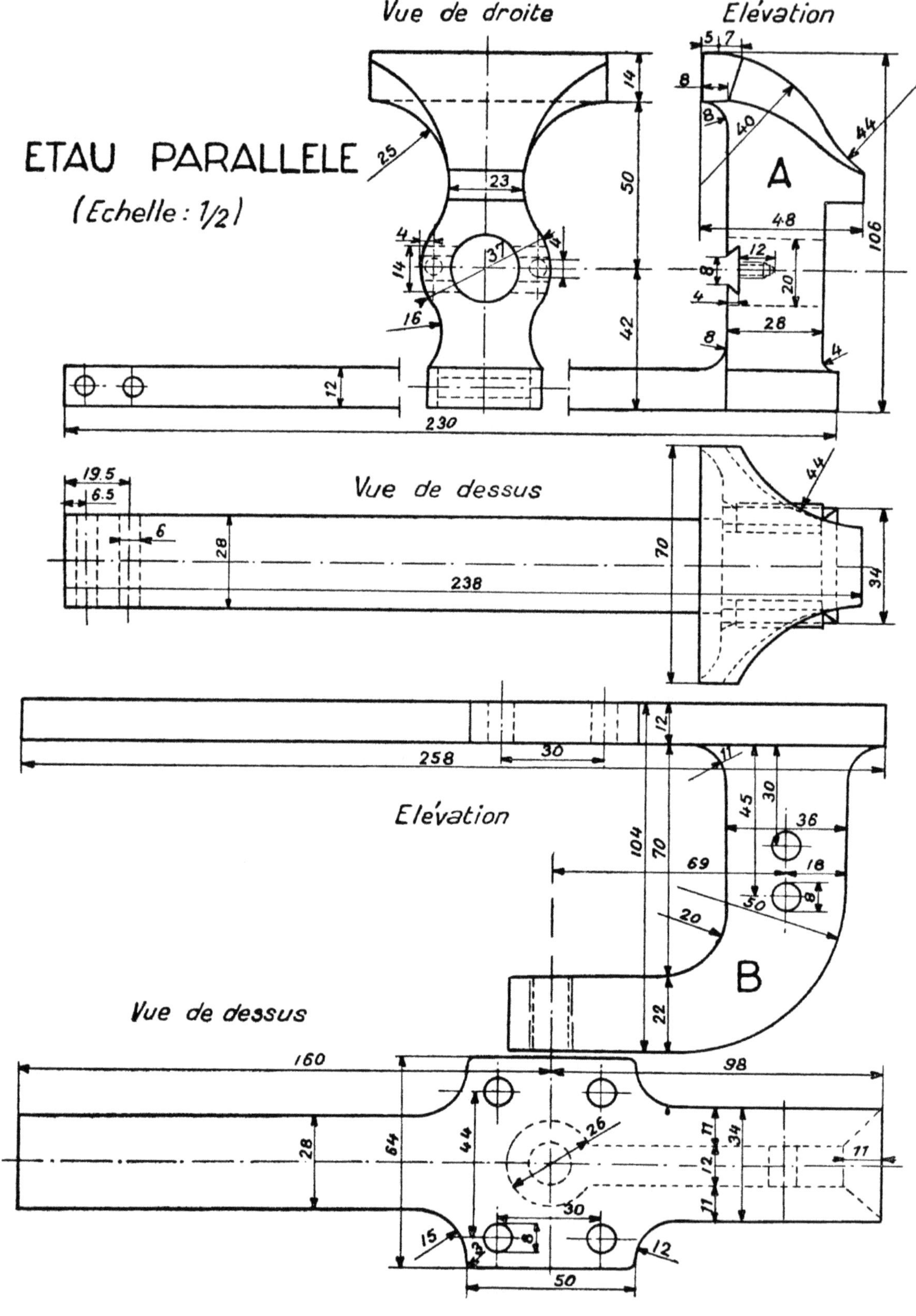
ETAU PARALLELE
(Echelle : 1/2)
Vue de droite
Elévation
A
Vue de dessus
Elévation
B
Vue de dessus

Planche 25

COLLIER

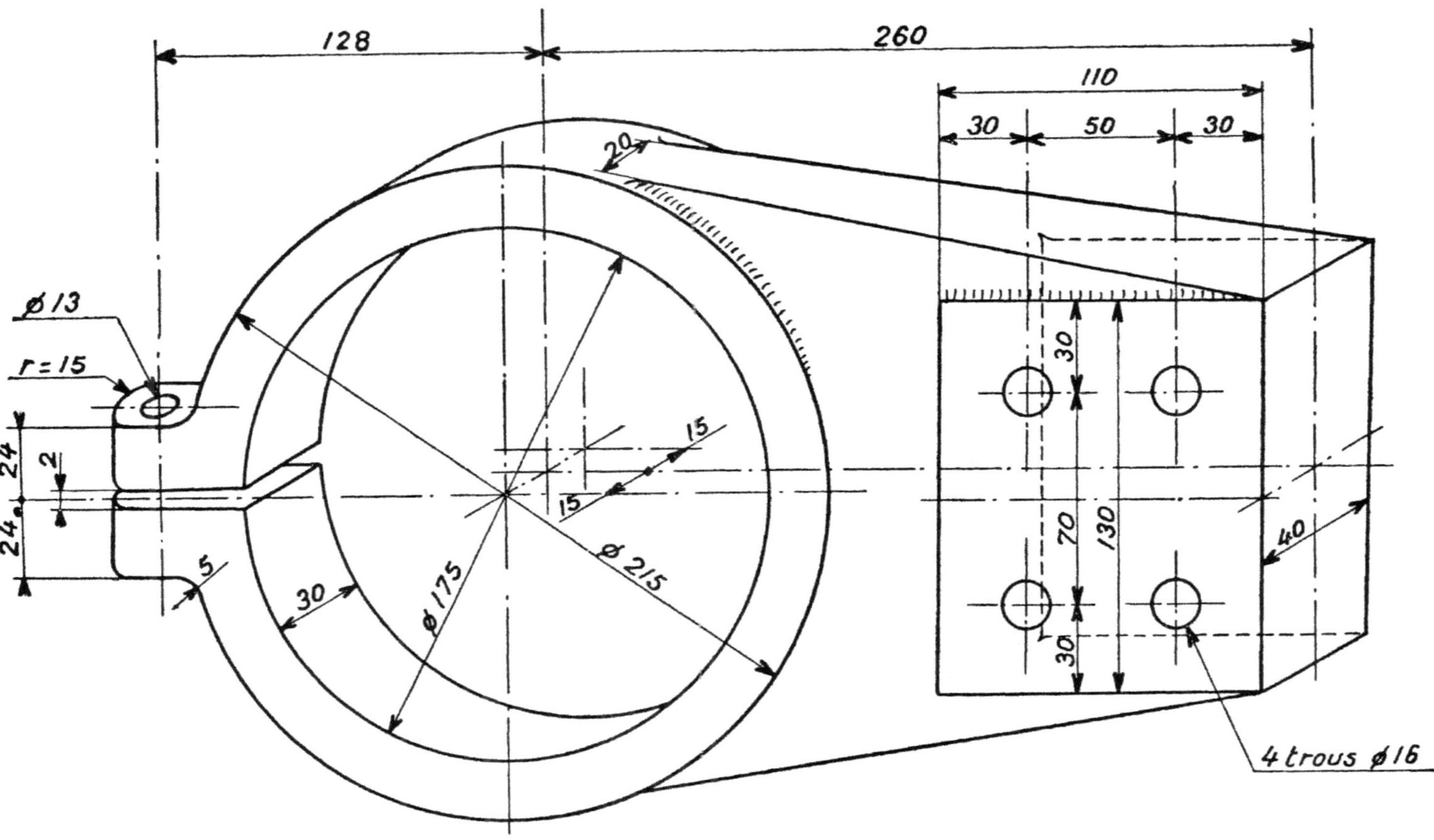

C.A.P. (*Montpellier 1946*)

FUT A ROCHET (Echelle : 1/2)

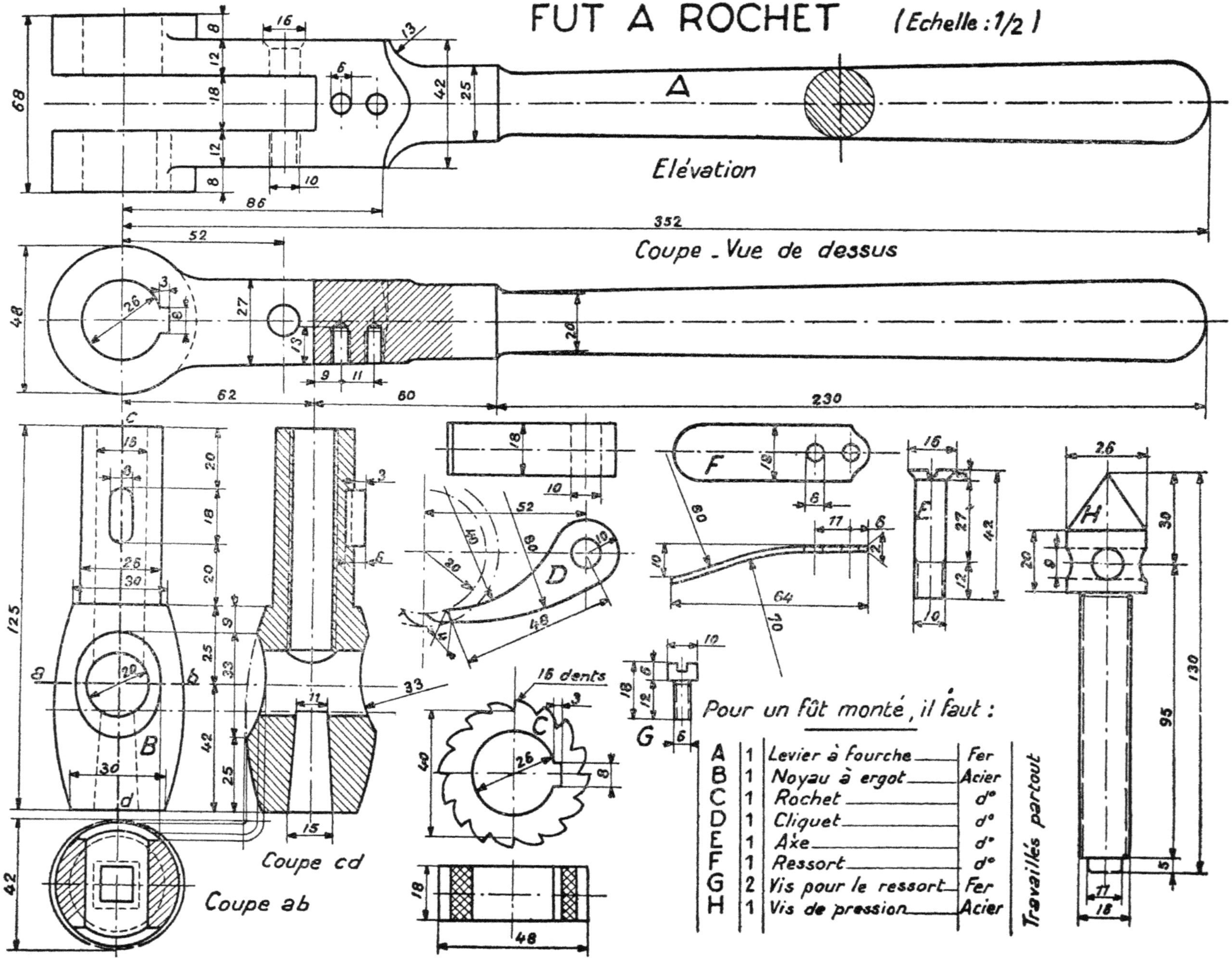

Elévation

Coupe - Vue de dessus

Coupe cd

Coupe ab

16 dents

Pour un fût monté, il faut :

A	1	Levier à fourche	Fer	Travaillés partout
B	1	Noyau à ergot	Acier	
C	1	Rochet	d°	
D	1	Cliquet	d°	
E	1	Axe	d°	
F	1	Ressort	d°	
G	2	Vis pour le ressort	Fer	
H	1	Vis de pression	Acier	

Planche 26

FUT A ROCHET

120. **Définition.** — Un *fût à rochet* (ou cliquet) est un levier à encliquetage servant à percer les pièces métalliques quand on ne peut les placer sur une machine à percer ou lorsqu'on est gêné pour faire un tour complet avec le vilebrequin.

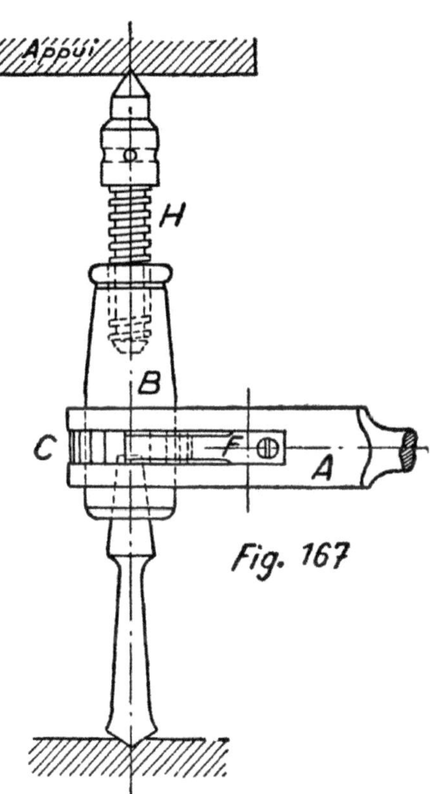

Fig. 167

121. **Description** (pl. 25). — 1° *Un corps* ou levier A ayant l'aspect d'une fourche; 2° *Un noyau* à ergot B dont l'une des extrémités sert d'écrou à une *vis de pression* H et dont l'autre reçoit la tête du foret; la vis H assure la descente de ce dernier pendant sa rotation; 3° *Un rochet* C, petite roue à dents *rendue solidaire du noyau* et par suite du foret par un ergot; 4° *Un cliquet* D articulé entre les deux branches de la fourche et maintenu au contact des dents du rochet par le *ressort* F.

122. **Fonctionnement.** — Imprimons au levier un mouvement de rotation d'arrière en avant (fig. 167); le cliquet appuie sur une dent du rochet et le fait tourner; le rochet entraîne le noyau et par suite le foret. Ramenons le levier en arrière et répétons le mouvement précédent; la rotation du foret est ainsi obtenue par fractions de tour.

123. Exercices. — 1. Croquis coté, d'après nature, d'un autre type de fût à rochet.

2. Exécuter : 1° à main levée, l'élévation du fût monté de la planche 26 (cotes principales); 2° la perspective cavalière du levier A (sans cotes); 3° le dessin en grandeur d'exécution de A et de D.

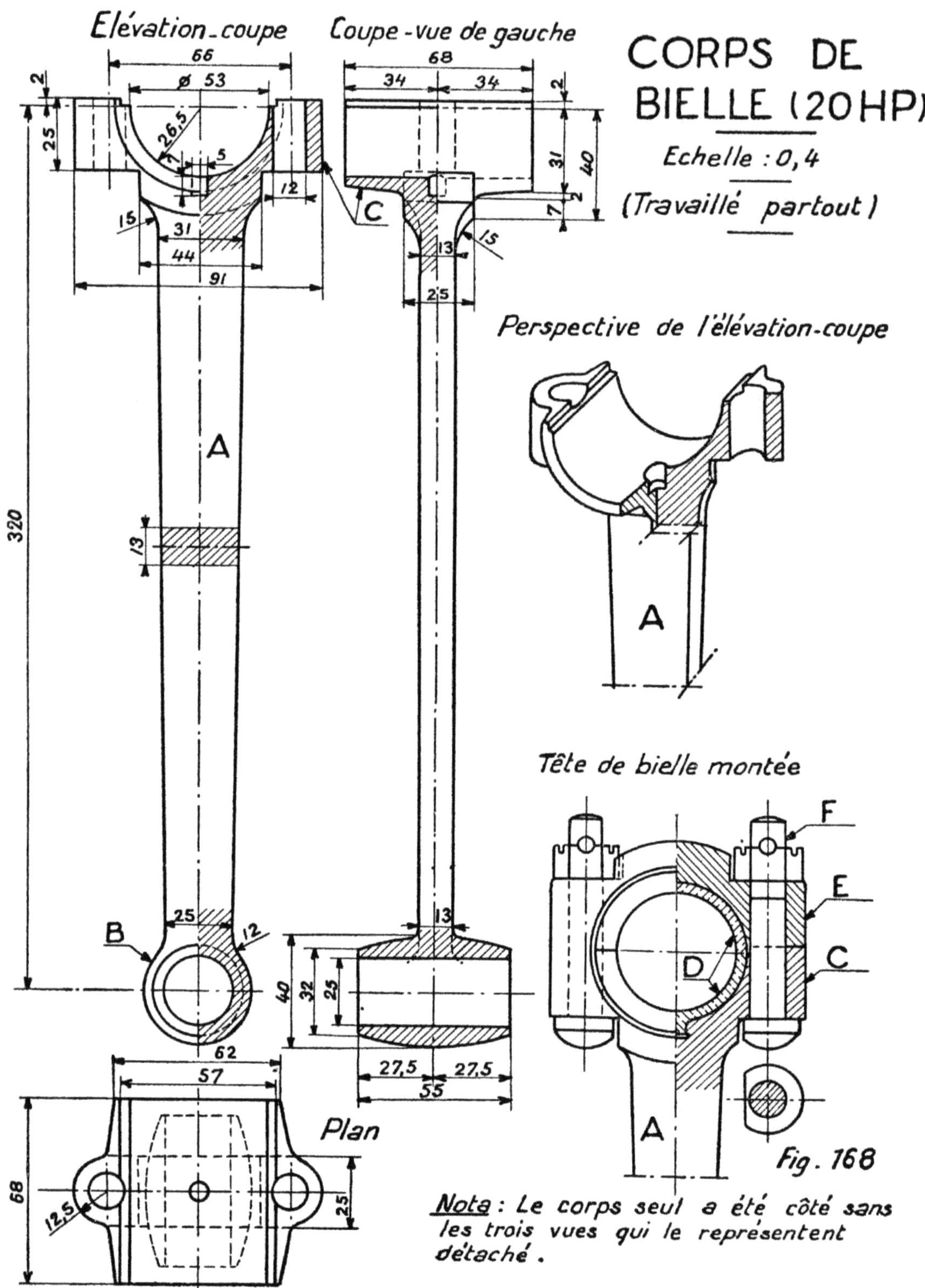
Elévation_coupe
Coupe-vue de gauche
CORPS DE BIELLE (20 HP)
Echelle : 0,4
(Travaillé partout)
Perspective de l'élévation-coupe
Tête de bielle montée
Plan
A
B
C
D
E
F
Fig. 168
Nota : Le corps seul a été côté sans les trois vues qui le représentent détaché.

Planches 27, 28, 29

BIELLES

124. **Généralités.** — Dans les moteurs à vapeur, la *bielle* est articulée, par *son pied*, à la crosse et, par *sa tête*, à la manivelle ou à l'arbre coudé (fig. 135, pl. 15).

Dans les moteurs à explosion (fig. 137), le pied de la bielle est directement articulé à l'axe qui traverse le piston; la tête est articulée au coude du *vilebrequin*.

Les bielles sont en fonte, en acier moulé ou en acier forgé. Celle qui est représentée ci-contre est une bielle d'automobile en acier forgé. Celle que représente la planche 27 est, au contraire, un exemple de pièce matricée.

125. **Description.** — La bielle se compose de trois parties : le *corps* A (fig. ci-contre) ; le *pied* B et la *tête* C qui entoure le *maneton* du vilebrequin (fig. 137).

La tête comprend elle-même: 1° deux *coussinets* D (fig. 168) munis de *joues* sur les deux faces et sur tout leur pourtour, pour éviter leur déplacement suivant leur axe;

2° un *chapeau* E qui maintient les coussinets en place;

3° deux *boulons* F qui assurent le blocage du chapeau, et, par suite, le serrage des coussinets.

126. **Forme du corps.** — La section du corps de bielle peut être circulaire, rectangulaire ou évidée (pl. 29). L'évidemment s'obtient par *moulage*, par *estampage* ou au moyen de deux *fraisures*, si la bielle est en acier forgé.

Enfin, la section est plus forte du côté de la tête. Il n'en est pas de même, cependant, dans le cas de la planche 29 (bielle matricée). Cette dernière planche est un exemple particulièrement intéressant de dessin d'estampage. Remarquer que le corps et le chapeau sont d'une seule pièce estampée.

127. **Matrice.** — La planche 29 représente la matrice qui a servi à l'exécution de la bielle du tendeur déjà étudié (pl. 21).

128. Exercices de lecture. — 1. Croquis coté d'une bielle en acier forgé.

2. Détacher le corps d'un dessin de bielle montée: (bielle de machine à vapeur, ou bielle d'automobile, ou encore bielle d'avion).

3. *a*) Croquis coté d'un système *levier et bielle* de pompe à eau;

b) Dessin (grandeur d'exécution) du levier seulement.

Planche 28

BIELLE POUR MOTEUR D'AUTO *(Ech: 1/2)*

(Exemple de dessin d'estampage)

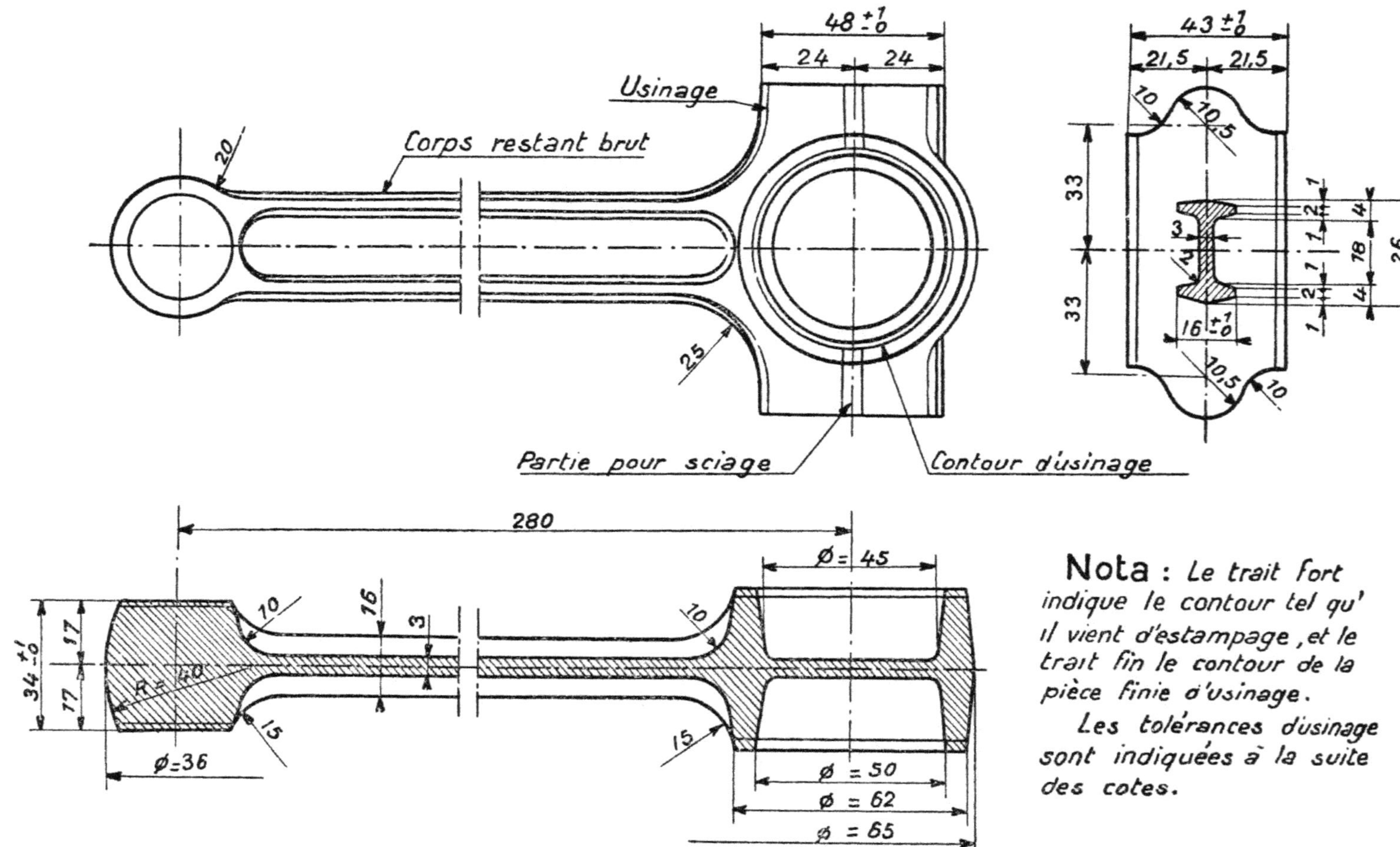

MATRICE
POUR BIELLE DE TENDEUR

Ech. 1/4

(Bielle B de la planche 21)

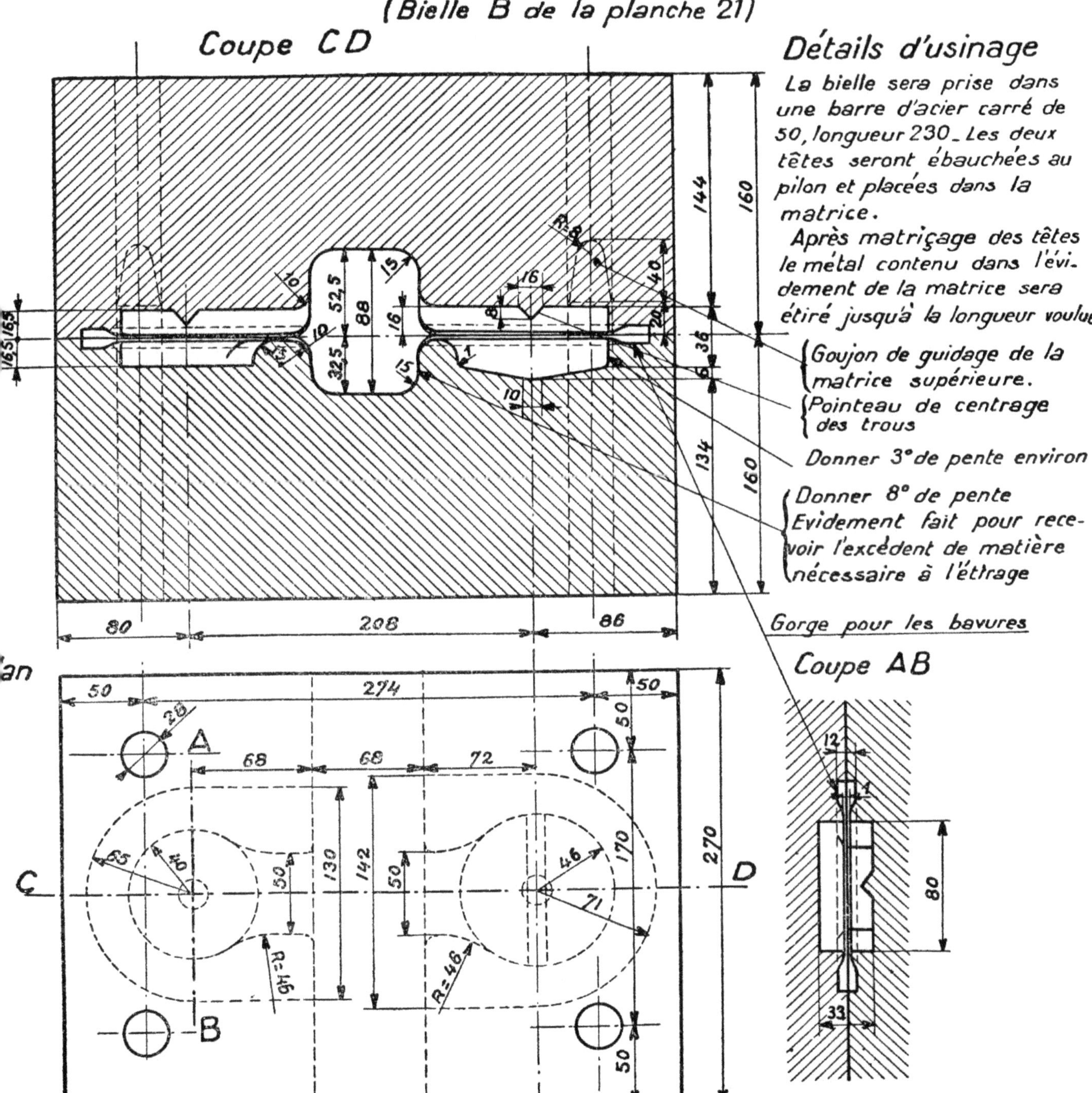

ercice : Croquis coté de chacune des deux pièces séparées de la matrice

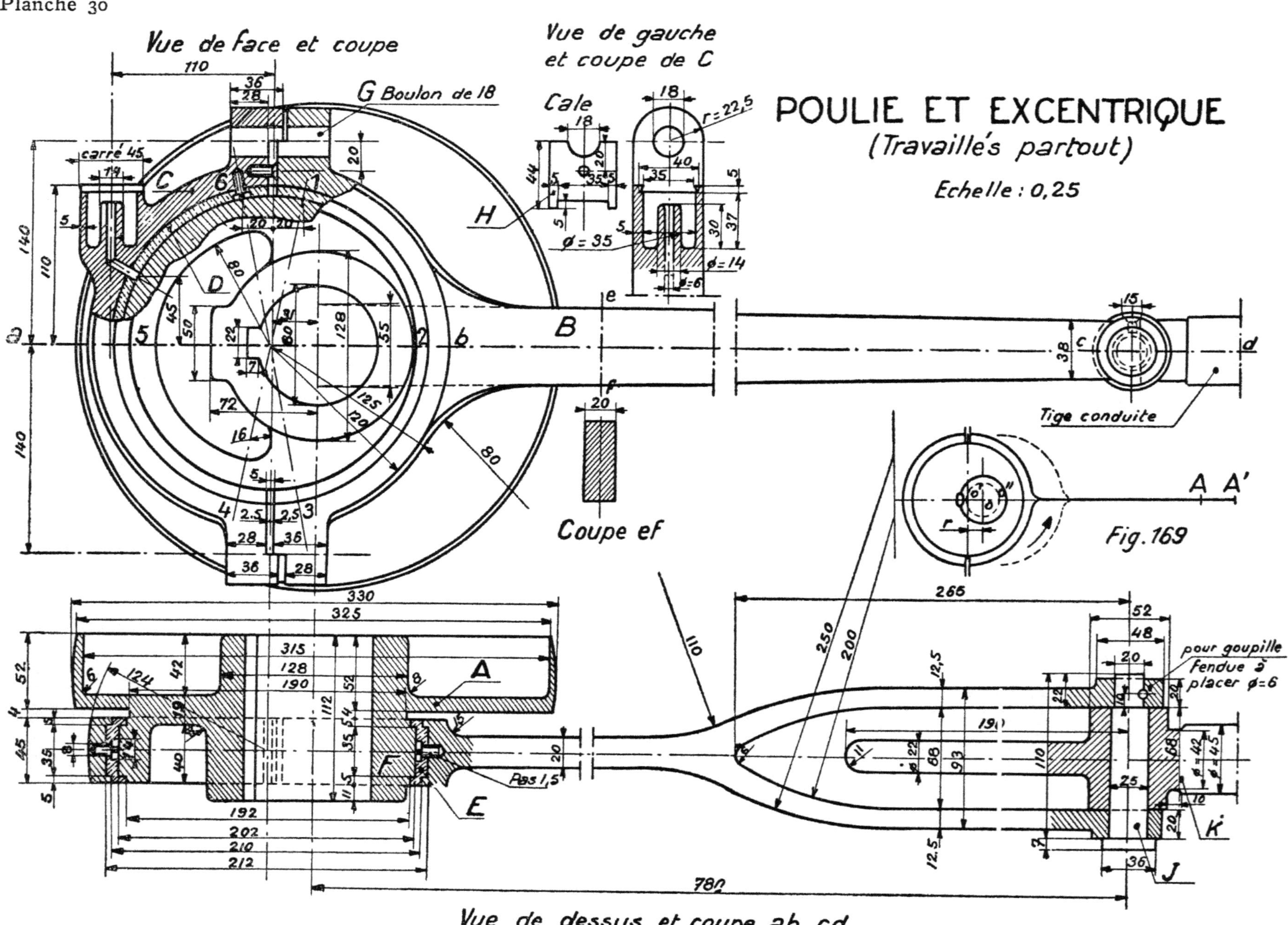
POULIE ET EXCENTRIQUE
(Travaillés partout)
Echelle : 0,25
Vue de face et coupe
G Boulon de 18
Vue de gauche
et coupe de C
Cale
Coupe ef
Tige conduite
Fig. 169
Vue de dessus, et coupe ab, cd
pour goupille
fendue à
placer ø=6
Pas 1,5

Planche 30

EXCENTRIQUE

129. **Définition.** — Dans le mécanisme d'une machine à vapeur (fig. 135, pl. 15), l'*excentrique* H transforme le mouvement de rotation de l'arbre O en mouvement rectiligne alternatif du tiroir d'admission de la vapeur dans le cylindre A.

130. **Description** (pl. 30). — 1° Un *disque* D, en partie évidé pour être moins lourd, est claveté sur l'arbre de rotation; mais *son centre ne coïncide pas avec celui de l'arbre*, d'où le nom d'excentrique. La distance des deux axes (31 mm dans le modèle ci-contre) est *le rayon d'excentricité.*

(Exceptionnellement, dans le modèle de la planche 28, une poulie A est venue de fonte avec le disque).

2° Un *collier* B, en deux pièces reliées par deux boulons, entoure le disque autour duquel il peut glisser librement; l'une des pièces C porte le graisseur; l'autre est venue de forge avec le *barre à fourche* B.

Afin que le frottement tout autour du disque soit plus doux, dans la rainure circulaire ménagée dans le collier, se trouve vissée une garniture d'*antifriction* (alliage d'antimoine, étain, plomb, cuivre et zinc).

131. **Fonctionnement.** — Lorsque l'arbre O tourne (fig. 169), le centre O′ de la face du disque décrit une circonférence de rayon OO′. Après un demi-tour, O′ vient en O″; l'extrémité A de la barre s'est donc déplacée en ligne droite, d'une longueur AA′ égale à O′O″. Dans le second demi-tour, le centre O du disque reviendra en O′ et l'extrémité de la barre en A: *la course rcetiligne AA′ de l'œil de la barre est donc égale à* $O'O'' = OO' \times 2$, c'est-à-dire à deux fois le rayon *r* d'excentricité.

132. **Exercices. — Exécuter :**

1° le croquis et le dessin en vraie grandeur de la barre B avec le demi-collier venu de forge avec elle;

2° le croquis coté et la perspective cavalière sans cotes du demi-collier C.

EXERCICES TYPES

Comment, avec les différents types d'un même organe, on peut constituer un ensemble complet et homogène d'exercices de dessin.

Premier sujet : POULIE MOBILE

I. Croquis coté, de mémoire, après quelques minutes d'observation, de la *chape munie de son crochet.*

II. Mise au net du *crochet* isolé, s'il est amovible, ou accompagné de la partie supérieure de la chape, s'il est venu de forge avec elle.

III. Imaginer la poulie et les pièces qui permettront de la mettre en place dans la chape précédente.

IV. Croquis coté de l'organe monté.

V. Lecture du dessin d'ensemble d'un autre genre de poulie de levage.

Deuxième sujet : TÊTE DE BIELLE

I. Croquis coté, d'après nature, des pièces détachées d'une tête de bielle ouverte, de machine à vapeur (calcul de la pente de la clavette et de son logement).

II. Mise au net de l'élévation de l'ensemble monté.

III. Croquis coté, de mémoire, d'une tête de bielle fermée, seule.

IV. *a*) **Imaginer les coussinets** convenant à cette tête; chacun d'eux sera représenté en demi-élévation, demi-coupe, demi-coupe profil, plan et perspective cavalière.

b) **Croquis coté** de la *tête montée:* élévation, coupe horizontale et coupe profil.

V. Lecture de dessin. — Croquis coté des pièces détachées d'une bielle de moteur à explosion (automobile ou avion).

Troisième sujet : COLLIER (Pl. 25)

(C.A.P. Montpellier, 1946).

FORMULAIRE OU CODE DES NOTATIONS ABRÉGÉES

(ADOPTÉ PAR LE COMITÉ DE NORMALISATION)

A.	*Ajusté*	Pour boulons ajustés (ne pas confondre avec T).
B.	*Bombé, ad* ...	Pour indiquer le bombé qui surmonte une tête fraisée.
C.	*Cylindrique* ..	Pour tête de cette forme, y compris les rivets tête plate.
D.	*Décolleté* ...	Pour pièces décolletées dans la barre.
E.	*Ergot, ad*	Pour indiquer qu'un boulon doit avoir un ergot.
F.	*Fraisé*	Pour têtes fraisées. (L'angle au sommet se place en dénominateur).
G.	*Goutte de suif*	Pour certains rivets à tête bombée. (Ne s'applique à aucun boulon).
H.	*Hexagonal* ..	Pour têtes et écrous de cette forme.
bis,	*ad*	Pour désigner un contre-écrou (écrou bas): H *bis*.
ter,	*ad*	Pour désigner un écrou très bas: H *ter*.
I.	*Une branche* .	Pour goupilles à une branche (goupilles coniques).
J.	*Japy*	Pour boulons à bois Japy.
K.	*Crénelé, ad* ..	Pour indiquer qu'un écrou est crénelé (la profondeur du créneau, en dénominateur).
L.	*Large, ad*	Pour désigner la série ayant les pièces les plus larges (assemblages sur bois).
M.	*Minimum, ad*	Pour désigner la série ayant les pièces les plus étroites (assemblages sur fer).
P.	*Pression, ad* ..	Pour désigner les têtes carrées des vis de pression.
Q.	*Carré*	Pour têtes et écrous de cette forme.
R.	*Ronde*	Pour têtes en segment de sphère appelées têtes rondes.
S.	*Soc*	Pour boulons de soc de charrue. (L'angle se met en dénominateur).
T.	*Tourné*	Pour désigner les pièces tournées. (Ne pas confondre avec A).
U.	*Usiné, ad*	Pour désigner les pièces usinées partout. (S'ajoute à T et A).
V.	*Deux branches*	Pour les goupilles doubles.
W.	*Grower*	Pour désigner les rondelles Grower.
X.	*ad*	Pour indiquer qu'un boulon doit avoir un collet carré.

NOTA. — Les signes marqués *ad* sont des signes additionnels ne s'employant jamais seuls.

EXEMPLES

Boulon H 18.90	Boulon brut de 18×90, tête et écrou hexagonaux.
Boulon H 18.90 AU	Boulon ajusté fini de 18×90, tête et écrou hexagonaux.
Boulon QL 20.250 rondelle, L	Boulon brut de 20×250, tête et écrou carrés à bois avec rondelle à bois.
Boulon $\frac{FB}{120}$ *X 8.100 écrou H H bis*.	Boulon brut de 8×100. Tête fraisée à 120° et bombée, collet carré avec écrou et contre-écrou hexagonaux.
Ecrou H 22 $\frac{K}{8}$ ...	Ecrou hexagonal brut de 22, crénelé (profondeur des créneaux: 8).
Vis H' 12.50 T ..	Vis tournée de 12×50, tête hexagonale.
Vis R 6.10 D	Vis décolletée de 6×10, tête ronde fendue.
Rondelle 14 L ...	Rondelle sur bois pour boulon de 14.
Rondelle 14 M ...	Rondelle sur fer pour boulon de 14.
Goupille V 3.35 ..	Goupille fendue ou double de 3×35.

TABLE DES MATIÈRES

PREMIÈRE ANNÉE

CHAPITRE I. — *Tracés géométriques*

CHAPITRE II. — *Notions sur les projections*

CHAPITRE III. — *Croquis cotés*

DEUXIÈME ET TROISIÈME ANNÉES

CHAPITRE IV. — *Hélice cylindrique* (Pl. 17)

TABLE DES PLANCHES

www.ingramcontent.com/pod-product-compliance
Ingram Content Group UK Ltd.
Pitfield, Milton Keynes, MK11 3LW, UK
UKHW051117220726
13924UKWH00008B/2266